FICHA CATALOGRÁFICA
(Preparada na Editora)

Xavier, Francisco Cândido, 1910-2002.

X19e *Eles Voltaram* / Francisco Cândido Xavier, Espíritos Diversos, Hércio Marcos Cintra Arantes. Prefácio de Emmanuel. Araras, 11ª edição, IDE, 2011

192 p. 19 il.

ISBN 978-85-7341-558-2

1. Espiritismo 2. Psicografia I. Espíritos Diversos. II. Arantes, Hércio Marcos Cintra, 1937 - III. Título.

CDD -133.9
-133.91
-133.901 3

Índices para catálogo sistemático

1. Espiritismo 133.9
2. Psicografia: Mensagens: Espiritismo 133.91
3. Vida depois da morte: Espiritismo 133.901 3

CHICO XAVIER
HÉRCIO M. C. ARANTES

coleção

CARTAS PSICOGRAFADAS

"ELES VOLTARAM"

ide

ISBN 978-85-7341-558-2

11ª edição - outubro/2011
3ª reimpressão/2020

Projeto e Coordenação:
Jairo Lorenzeti

Revisão:
Mariana Frungilo Paraluppi

Capa:
César França de Oliveira

Diagramação:
Maria Isabel Estéfano Rissi

INSTITUTO DE DIFUSÃO ESPÍRITA - IDE

Av. Otto Barreto, 967
CEP 13602-060 - Araras/SP - Brasil
Fone (19) 3543-2400
CNPJ 44.220.101/0001-43
Inscrição Estadual 182.010.405.118

www.ideeditora.com.br
editorial@ideeditora.com.br

coleção

CARTAS
PSICOGRAFADAS

"ELES VOLTARAM"

CHICO XAVIER
HÉRCIO M. C. ARANTES

Sumário

Apresentação

Caro leitor:

Este é um livro em que a saudade se transformou em certeza de reencontro.

Chorados no Plano Físico, os comunicantes amigos, que se fazem autores deste volume, regressaram do Mais Além com as notícias da própria sobrevivência.

As páginas aqui enfileiradas dispensam comentários nossos.

Leiamos quanto nos dizem os mensageiros que as entreteceram e os judiciosos apontamentos em torno.

Na essência, ei-los afirmando que a morte não existe e que se encontram plenamente redivivos, exaltando a fé em Deus, honorificando os ensinamentos de Jesus e esclarecendo que a vida é imortal.

Emmanuel

Uberaba, 30 de janeiro de 1981.

Carta 1
Um pequeno grande cavaleiro

– Minha filha, se algum dia você estiver com algum familiar ou alguém passando muito mal, não faça promessa para que Deus lhe dê vida, não. Diga o seguinte: Meu Deus, se for para felicidade dessa pessoa, para seu bem, dê-lhe vida! Caso contrário, que seja feita a Sua Vontade!

D. Vivita, quando recebeu este conselho de sua mãe, hoje uma sábia velhinha de 84 anos, nunca poderia imaginar que seis anos depois estaria dentro de um avião com um filho à beira da morte, e que este conselho lhe daria forças de sustentação. Ela esclarece:

– Dentro do avião eu tive muita força. Lembrei-me do conselho de minha mãe. Quis afastar essa lembrança, mas uma força maior disse-me: Faça o que sua mãe lhe ensinou. Então, com a mão no peito de meu adorado filho Evaldo, firmei o pensamento em Deus e disse baixinho: Meu Deus, meu Pai Todo Poderoso, se for para meu filho viver e ser feliz, dê-lhe vida, salve-o, eu Lhe imploro. Não sendo possível, que seja feita Sua santa Vontade! Nesse momento, eu fui sentindo o coraçãozinho de meu filho diminuir as batidas, até a última. O piloto olhou para mim, eu fiz um sinal negativo com o dedo polegar para baixo, indicando que tudo estava acabado, sem que meu marido visse, com receio de que ele se sentisse mal. Só Deus mesmo para ajudar-me tanto. No dia seguinte, o aviador confessou-me: – A senhora é mulher de fibra, não se desesperou e eu tive cabeça para pilotar o avião.

***

Tarde ensolarada de 1° de junho de 1975.

Desde o dia anterior, quando houve uma festa de aniversário, a família de D. Vivita – seu esposo e filhos –, usufruía momentos felizes na fazenda de um casal amigo, distante 20 minutos de avião de Cáceres, cidade onde residiam, no Estado do Mato Grosso.

Evaldo, o menino mais velho, foi surpreendido pela sua mãe preparando-se para nadar no rio Paraguai. Ela já o havia alertado do perigo das arraias – peixes com caudas afiladas e providas de ferrões peçonhentos –, e o repreendeu:

– Meu filho, eu disse para você não nadar no rio. Se uma arraia lhe ferir, você vai morrer de dor.

E, num desabafo, ele respondeu:

– A senhora fica falando: você morre, você morre. Se eu morrer, depois quem vai ficar morrendo é a senhora.

A fazenda tinha muitos atrativos e Evaldo abandonou a ideia de nadar no rio. Mais tarde, calçado de botas, aproximou-se de um cavalo, quando um menininho da fazenda o alertou, dizendo que aquele animal era muito bravo, em fase de amansamento. Mas Evaldo não tinha medo de animais, principalmente de cavalos. Adorava e dominava-os com facilidade. Apesar de contar apenas 13 anos de idade, seu pai o considerava melhor que muitos cavaleiros da fazenda. Aproximou-se com calma, acariciou, como se aquele animal fosse um velho conhecido. Não montou de início, pois uma tangerineira próxima, com frutas maduras no alto, atraiu a sua atenção. Dirigiu-se, então, para a árvore, puxando o cavalo, e logo em seguida, subiu nele para alcançar as tangerinas. Ao apanhá-las, escorregou e, na queda, introduziu uma perna na roda do laço, que fica preso no arreio. A sua queda assustou o animal que o arrastou por alguns metros, parando logo em seguida espontaneamente. Evaldo foi socorrido de pronto, não mostrando ferimentos graves, apenas escoriações nas costas, mas estava desfalecido, sendo levado às pressas de avião, para

Cáceres, a cidade mais próxima. Em pouco mais de meia hora, o menino era atendido no Pronto Socorro da cidade, quando o médico disse que nada mais podia fazer. Evaldo havia falecido no percurso.

Um menino expansivo e feliz

Evaldo Augusto dos Santos, filho do Sr. João da Silva Santos e D. Genoveva Augusto dos Santos – mais conhecida pelo apelido de Vivita, nasceu em 27 de novembro de 1961, na cidade de Goianésia, Estado de Goiás. Sempre foi um menino estudioso, muito alegre e comunicativo. Todas as suas fotos revelam um sorriso aberto e encantador. Na festinha da véspera do acidente, como sempre, expansivo e feliz, cantou a música sertaneja de sua predileção.

Desde tenra idade, ele demonstrou grande interesse e afeição aos cavalos. Mesmo lembrando-o filho de fazendeiro, esta afeição sempre foi fora-de-série.

Certa vez, sua tia Amália, desejando pintar, em pratinhos de porcelana, uma lembrança aos sobrinhos, perguntou a cada um qual o bichinho de preferência. Quando chegou a vez de Evaldo, ele respondeu de pronto: “cavalo”. Nessa época, ele estava com apenas 4 anos de idade.

D. Vivita recorda-se também de que seu filho, quando tinha uns 6 anos, insistiu muito e conseguiu que sua mãe lhe fizesse companhia para assistirem a um filme de TV, já tarde da noite, sobre cavalos. Ela, não tendo o hábito de assistir a filmes pela televisão, teve de ceder à forte insistência de Evaldo, que acompanhou "El Blanco" até o fim, sem cochilar.

E, dentre outros fatos, relacionados com esse amor do nosso pequeno cavaleiro, temos a frase dita por ele, um mês antes do acidente fatal, em conversa descontraída com D. Irani, amiga da família, residente em Cáceres: "Se algum dia eu morrer no lombo de um cavalo, morrerei feliz."

Em Uberaba, a busca de notícias do saudoso filho

Estávamos no Grupo Espírita da Prece, em Uberaba, Minas Gerais, na tarde de 25 de abril de 1980, quando o médium Chico Xavier, que atendia à fila de pessoas que se forma habitualmente às sextas-feiras, chamou-nos para mostrar uns desenhos feitos por um garoto. Foi quando conheci D. Vivita, que estava diante do médium pedindo notícias do seu filho Evaldo, desencarnado havia quase cinco anos.

Naquele momento, ela explicava que encontrou tais desenhos uma semana depois do acidente que vitimou seu filho, feitos pela criança num dos seus cadernos escolares, em certo dia do mês de maio de 1975, no máximo um mês antes de sua desencarnação.

– Os desenhos são muito interessantes. Vamos torcer para que ele dê uma mensagem, – afirmou Chico, nada prometendo.

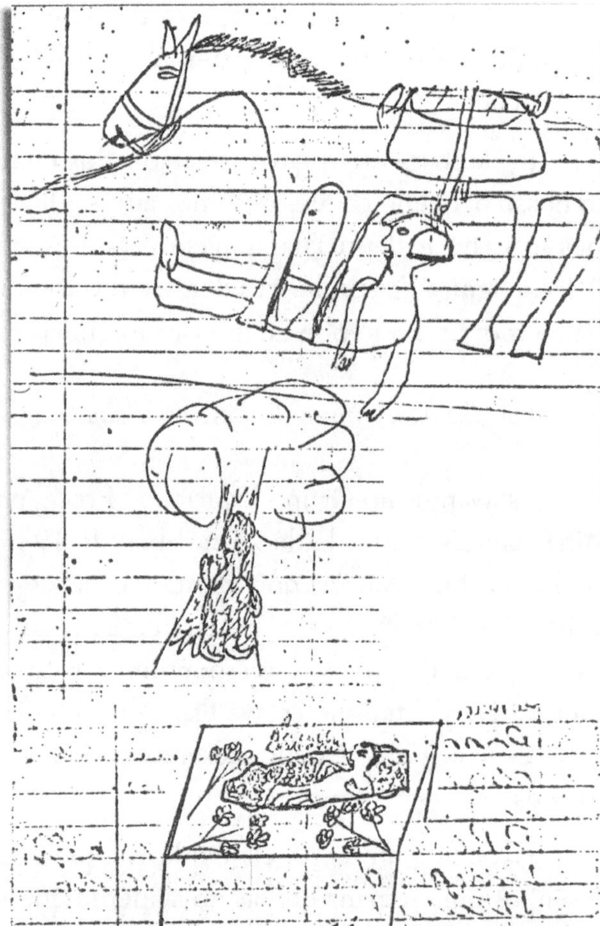

Poucas semanas antes do acidente fatal, Evaldo fez estes desenhos num dos seus cadernos escolares. No último desenho, talvez mostrando um despertar no Além, ele atribuiu à criatura no túmulo, com a cabeça erguida, a seguinte frase, aqui pouco legível:"Que barulho é este aqui?"

D. Vivita não deu nenhuma outra informação de sua família ao médium, agradeceu e afastou-se, permitindo que ele continuasse atendendo às demais pessoas da fila. Afastamo-nos também, continuando o nosso assunto fora do salão. Assentados num banco do pátio do Grupo Espírita da Prece, à sombra de uma árvore amiga, conversamos longamente. Ela havia chegado há poucas horas de Goiânia, com a grande esperança de receber notícias de seu inesquecível e querido filho.

– Perdi 18 quilos em dois meses. Sofri demais. Toda a família sofreu muito com a perda do nosso filho. E, seis meses após o acidente, mudamo-nos para Goiânia, a fim de evitar recordações que agravassem a nossa dor –, foram as suas primeiras palavras.

– A senhora está hoje aqui pela primeira vez? – perguntamos.

– Sim. Mas, há muito tempo tenho tido vontade de vir. Minha família é católica, mas desde a perda de meu filho, orientada por amigos, tenho pensado em conversar com o médium Chico Xavier, esperando receber mensagem do meu filho.

Com o desenrolar da entrevista, em face dos atuais problemas que a família vinha atravessando e daqueles curiosos desenhos, fomos achando que Evaldo, mais hoje, mais amanhã, conseguiria uma oportunidade para se comunicar com sua mãe, e anotamos os dados com o maior zelo possível. Chegamos a orientar D. Vivita, quando nos disse que voltaria a Goiânia no dia seguinte, para que esperasse a reunião da noite próxima, do sábado, que ela ignorava, caso não recebesse mensagem na reunião de que participávamos.

Os demais esclarecimentos da mãe de Evaldo, nesse diálogo fraterno, permitiram a elaboração de tudo o que foi narrado, até aqui, neste Capítulo.

***

Dezoito horas. Um companheiro chama-nos para a segunda etapa da reunião daquela sexta-feira, pois Chico Xavier já havia atendido a todos e tomava assento à mesa.

Como de costume, a reunião se desenvolveu até às primeiras horas da madrugada, quando, no final, o médium psicografou publicamente várias mensagens. Em seguida, iniciando a leitura das mesmas, por ordem de recebimento, chamou em voz alta a destinatária da primeira mensagem da noite:

– D. Genoveva!

Ela se aproximou, e muito emocionada – ouvindo palavras que traziam o selo inconfundível da autenticidade –, reencontrou-se, após cinco anos, com o seu querido filho Evaldo.

Querida Mãezinha Genoveva. Peço a sua bênção de paz e amor.

E tudo passou tão depressa. A felicidade na Terra, querida Mamãe, é um intervalo para que se conquistem forças para a continuação das tarefas por nosso burilamento. Lembro-me do Papai João, de nossas horas felizes na fazenda e na cidade, no convívio do lar e fico a pensar se alegria será preparação para a dor ou se a dor é a véspera de alegrias maiores. Não quero dizer que estamos infortunados ou que somos vítimas de sofrimentos insuportáveis. Acontece que o tempo de que já disponho aqui na Vida Espiritual me ensinou a refletir e mentalizar para o bem da família inteira.

Peço-lhe calma e fé em Deus nos tempos que atravessamos. Se for possível, continue a senhora mesma, sem mudança, esposa de meu pai e nossa mãe em casa, vivendo na confiança de dias melhores. Tudo está seguindo o curso natural das ocorrências que terminam em renovação e, de nossa parte, guardamos o dever de realizar o melhor ao nosso alcance, a fim de que a tranquilidade e a alegria se façam bagagem de luz para quantos nos cercam.

Lembre-se de mim mesmo.

Sei que encontrou o meu desenho, feito num instante de meditação. Meditação de menino, é verdade, e criação estruturada com as linhas de uma criança, pois vou contar-lhe agora o que sucedeu. Semanas antes do acidente, que me impôs a caída do corpo físico, tive um sonho estranho, dormi e me reconheci na figura de um homem enérgico e autoritário. Estava cercado de servos que me obedeciam, e de pessoas que me observavam com temor. Cheguei a identificar o tempo. Achava-me numa tarde quente, descansando em larga varanda da fazenda, quando enxerguei de longe um servidor furtando laranjas. Não tive o cuidado de ponderar se esse homem havia tomado qualquer alimento durante aquele dia, ou se desejava socorrer alguma criança doente. Irritei-me de tal modo que o chicote não me bastou para castigá-lo. Determinei fosse o pobre atado à cauda de um potro selvagem e ordenei que o animal o arrastasse pelo campo ainda não destocado. Não me valeram súplicas e nem solicitações dele ou de ninguém. O infeliz, em breves minutos, apresentava-se na condição de um farrapo sangrento. Quando os quadros me fixaram profundamente na memória, acordei espantado.

Passei o dia amargurado sem saber a ra-

zão, no entanto, as imagens do sonho me perseguiam. Fiz então o desenho, não pensando em mim, mas no que vira, fora de meu próprio corpo, experimentando a necessidade de recordar o que havia observado, sem coragem de transmitir o ocorrido a pessoa alguma.

A vida se incumbiu de me mostrar que também um animal espantadiço estava à minha espera, que o desejo de apanhar uma tangerina me assomou à cabeça e o choque inesperado no animal me obrigou a cair e ser arrastado até perder o veículo físico que me servia de corpo para entrar na primeira juventude, aqui, na Vida Espiritual. A Vovó Amélia se encarregou de me explicar tudo e aprendi, por mim mesmo, que os nossos gestos são vivos dentro de nós e quando esses gestos não se harmonizam com o bem que é a lei de Deus, somos compelidos a consertá-los, entendendo alguma coisa da vida.

Querida Mãezinha, rogo-lhe paciência e coragem, serenidade e confiança. Não se impressione com notícias negativas que lhe venham de Goianésia. Não deixe o Papai, a sós, com as responsabilidades da vida. Temos não só a Eliane que necessita de sua presença, mas também o Evelson e o Evandro, irmãos queridos aos quais peço me auxiliem na conquista da paz em nosso favor.

Mamãe querida, a mulher perdoa sempre. Não fosse pelo sacrifício das Mães, eu creio que o mundo seria uma selva sem traço de organização. Esqueça desgostos e contratempos e guarde o seu coração querido na mesma altura da qual a senhora sempre nos ensinou a fazer o bem que nos seja possível. Tenho procurado reconfortá-la, entretanto, sou eu quem recebo o amparo de sua bondade como sempre. Continuo sendo o seu filho, o seu menino que lhe tem tanto amor. Fique conosco sem alteração.

Ainda não estou tão forte que não necessite de sua paz a fim de permanecer tranquilo. Rogo-lhe serenidade, não só por mim, mas também por Vovó Amélia e por Vovó Anita que são para seu filho outras Mães pelo coração. Espero em Deus que tudo dê certo, na soma de paz que anseio fazer com a reunião das parcelas de nossas provas. Sei que as suas parcelas são de lágrimas, no entanto, as lágrimas do coração materno significam perdão e amor. E, por isso, confio em que a nossa conta em família terminará em luz e bênção, segurança e alegria.

Mãezinha querida, não posso continuar escrevendo. Muitas lembranças aos irmãos e um grande abraço ao Papai João.

Com o seu coração querido, deixo o coração de seu filho que lhe beija as mãos pedindo a Deus abençoá-la e fortalecê-la sempre.

Todo o amor do seu filho, sempre seu,

EVALDO.

EVALDO AUGUSTO DOS SANTOS.

NOTAS E IDENTIFICAÇÕES

1 - *Mãezinha Genoveva* (D. Vivita) *e Papai João* – Já nossos conhecidos.

2 - *Semanas antes do acidente, que me impôs a caída do corpo físico, tive um sonho estranho, dormi e me reconheci na figura de um homem enérgico e autoritário.* – Assim ele inicia a descrição de seu sonho, que, na verdade, era uma recordação muito viva de cenas de uma vida anterior, quando cometeu uma falta grave, necessitando de uma reparação em nova existência física, em nova *reencarnação,* em face das determinações das Leis Divinas, invariavelmente justas e misericordiosas.

A bisavó Amélia (Espírito) encarregou-se de lhe explicar o porquê de tudo, *e aprendi* – diz ele –, *por mim mesmo, que os nossos gestos são vivos dentro de nós e quando esses gestos não se harmonizam com o bem que é a Lei de Deus, somos compelidos a consertá-los, entendendo alguma coisa da vida.*

Naquela noite do sonho, o seu corpo físico repousava, mas, num processo de desdobramento, Evaldo viu o seu passado longínquo, arquivado na memória do corpo espiritual; é o que podemos deduzir de suas palavras: *Fiz então o desenho, não pensando em mim, mas no que vira, fora de meu próprio corpo, experimentando a necessidade de recordar o que havia observado.* Dessa forma, ele recebeu uma grande bênção, evidentemente sob a assistência de Protetores Espirituais, que o prepararam para o resgate que se aproximava.

Podemos entender, agora, o porquê da grande e precoce predileção do garoto pelos cavalos, além de um domínio fácil, que chamava a atenção, sobre estes animais: Evaldo era um cavaleiro reencarnado. Digno de nota é que a informação de sua mãe a respeito de tais pormenores da vida dele – pequeno, mas grande cavaleiro –, foi-nos prestada numa entrevista que antecedeu ao recebimento da carta psicografada, que viria elucidar o seu passado.

Para um estudo dos palpitantes temas aqui abordados superficialmente – reencarnação e sonho, os livros: *O Evangelho Segundo o Espiritismo* (capítulo 4) e *O Livro dos Espíritos* (capítulos 4 e 8, da 2ª Parte), ambos de Allan Kardec, trazem esclarecimentos básicos e excelentes.

3 - *Vovó Amélia* – Amélia Josefina de Paiva, bisavó materna, desencarnada.

4 - *Eliane, Evelson e Evandro* – Irmãos.

5 - *Vovó Anita* – Anita Pereira dos Santos, avó paterna, desencarnada há mais de vinte anos.

6 - Finalizando estas Notas, queremos destacar, para a nossa meditação, dois trechos de atenciosas cartas que recebemos de D. Vivita:

A) "Estou enviando pelo Correio uma caixa com mensagens que mandei imprimir. São para o senhor e para Chico Xavier, de quem guardo profundo carinho e respeito. Seguem algumas coisas de meu filho que lhe prometi. Observe um cartãozinho antigo que ele escreveu ao pai, no Dia dos Pais; veja a semelhança da assinatura dele, com a psicografada pelo Chico Xavier, fiquei impressionada." (Goiânia, 23/6/80.)

B) "Não imaginas como estou me sentindo depois que recebi a mensagem. Graças a Deus já estou sentindo paz neste coração que há muito tempo andava tão aflito. Pretendo voltar a Uberaba, muito breve, se Deus o permitir. Até um dia, se Deus quiser e muito obrigada." (Goiânia, 13/5/80.)

Carta 2

Jovem provou a seus pais que houve separação imaginária

Felipinho era um jovem alegre, expansivo e muito amoroso. Tinha o dom de unir as criaturas que o cercavam. Sempre prestativo e afável, unia os amigos e aproximava fraternalmente os familiares.

Esportista dedicado, principalmente em natação, ganhou neste esporte 13 medalhas e alguns diplomas de 1° e 2° lugar. Estudante responsável, completou a 6ª série do 1° Grau com bom aproveitamento.

Um garotão com esta bela personalidade, ao regressar à Pátria Verdadeira, teria de deixar – como realmente aconteceu – uma saudade imensa no coração de seus entes queridos.

Com apenas 14 anos de idade, vitimado por moléstia ganglionar incurável, Felipe Meneghetti – Felipinho na intimidade – após sete meses de padecimentos, com várias tentativas terapêuticas, deixou o Mundo Material aos 24 de julho de 1978, na cidade de Campinas, Estado de São Paulo.

Nascido a 25 de junho de 1964, em Ribeirão Preto/SP, era filho do Tenente Helder Meneghetti e de D. Wilma Crispim Meneghetti.

"Quando eu morrer..."

Quando a família adquiriu um lote no Vale Verde, próximo de Campinas, SP, para passar fins-de-semana, o entusiasmo de todos foi grande, especialmente de Felipinho, que adorava o verde: o verde das plantas, o verde da água do rio, o verde do Guarani Futebol Clube, seu time predileto...

Num domingo de muito trabalho e alegria no Vale Verde, Felipinho e sua mãe, em momento de repouso e descontração, permutaram estes pensamentos:

– Se a sua mãe morrer, você toca esse lote para a frente – afirmou D. Wilma.

– E se eu morrer, a senhora também toca – responde o filho.

***

Fazendo um retrospecto das ideias de Felipinho, expostas nos últimos tempos de sua vida terrestre, mesmo antes de dezembro de 1977, quando a moléstia se instalou insidiosamente, sua mãe observa que ele falava sempre em morte.

Frequentemente, brincava com seus colegas dizendo: "Quando eu morrer, puxarei as pernas de vocês à noite."

Ou, quando seus pais negavam-lhe alguma coisa, mesmo coisas corriqueiras, ele gostava de dizer: "É, depois vão levar flores no túmulo para mim."

Parece que ele vinha sendo preparado espiritualmente para a *grande viagem,* o que explica essas ideias inabituais, premonitórias, para um jovem tão saudável e amante da vida. Sabemos que todos nós, por exemplo, durante o sono físico, podemos receber ensinamentos e avisos preciosos (que se registram no subconsciente), preparando o nosso coração para os imprevistos que nos aguardam.

Diálogos inesperados

Profundamente abalados com a perda do querido filho, seus pais, embora católicos, orientados por amigos, procuraram consolo e esclarecimento na Doutrina Espírita.

Leram inicialmente os livros *Perda de Entes Queridos* (de D. Zilda G. Rosin) e *Jovens no Além* (Espíritos Diversos, médium Francisco C. Xavier, Caio Ramacciotti, Ed. GEEM.), que lhes proporcionaram muito conforto e paz.

Sete meses após a desencarnação do filho, D. Wilma começou a frequentar mensalmente as reuniões públicas do Grupo Espírita da Prece, em Uberaba, onde trabalha Chico Xavier. Quando ia, enfrentando longas filas, conseguia estabelecer contatos rápidos com o médium e, posteriormente, na segunda parte da reunião, recebia sempre por via psicográfica notícias breves, confortadoras, de que Felipinho está bem amparado.

Em princípios de maio de 1979, numa reunião de sexta-feira, Chico surpreendeu D. Wilma, ao atendê-la na fila, com a pergunta:

– Quem é Ana?

Ela recordou-se, de pronto, de sua avó, falecida há mais de 10 anos. D. Ana Franco, com certeza, estava presente à reunião! Neste encontro, o médium nada mais esclareceu.

Na seguinte visita mensal de D. Wilma aos trababalhos de Uberaba, no dia 15 de junho de 1979, em novo encontro com Chico, estabeleceram o interessante diálogo:

– Quem é Mariquinha? – perguntou o médium.

– Não sei.

– Procure verificar. Ela diz que é tia. E quem é Ursulina?

– É a mãe do meu marido, já falecida.

– Estas duas senhoras estão aqui dizendo que o Felipe está bem.

O diálogo encerrou-se aqui. O médium continuou a atender a pessoa seguinte que o aguardava na fila, e D. Wilma, meditativa, daí a pouco recordou-se de sua amiga Mariquinha, desencarnada no início do ano de 1978. Ela não pertencia à família, mas Felipinho a chamava carinhosamente de tia. Só mesmo, sob forte emoção, para esquecer a grande amiga...

Na segunda parte dos trabalhos, em noite alta, D. Wilma teve a grande felicidade de receber uma carta do inesquecível filho, confirmando um sonho nítido que tivera dias antes, quando *viu* o médium psicografando notícias de Felipinho para ela.

A carta, pelo correio mediúnico, trouxe à família um novo alento, novas esperanças e a certeza na imortalidade da alma e na comunicabilidade dos Espíritos. Com provas indiscutíveis, com revelações totalmente desconhecidas do médium, o filho inesquecível mostrou aos seus carinhosos pais que continua vivo, participando sempre da vida familiar, provando que houve, com a sua morte física, apenas uma *separação imaginária*.

Hoje os pais de Felipinho são espíritas convictos, dedicados ao estudo doutrinário e operosos no campo assistencial.

Querida mãezinha Wilma, abençoe-me.

Quase um ano.

Separação imaginária. Digo isso porque se o corpo acabou se desmoronando, à maneira de uma gaiola destrambelhada, isso não me alterou de forma alguma.

O papai Helder, por intuição, sabe que vou sempre à nossa casa, compartilhando de suas meditações e das melodias que escuto nascendo da inspiração dele, como a beleza das águas claras quando borbulham na fonte.

Mãezinha, estou grato por haverem procurado o melhor lugar para o nosso reencontro: o bem ao próximo. Ensinem ao nosso querido Fernando esse mesmo caminho que nos reúne para a viagem na direção de Jesus.

Não preciso contar-lhes que sofri muita falta de casa.

Apesar daquelas minhas ideias de que o corpo estava pifando, no íntimo nutria o desejo de regressar ao nosso convívio. A doença, pouco a pouco, me estragou as peças da embalagem que me retinha na terra física, mas, por dentro de mim mesmo, estava o anseio de retorno aos braços dos meus.

Quando o grande sono apareceu para mim, tive a ideia de que sonhava com a morte, e foi a morte mesmo que me pilotava. Acordei não sei como, depois de haver repousado, ignorando por quanto tempo, e as lágrimas vieram marcar a minha nova situação. Entretanto, em meio de tanta gente estranha, descobri duas mães que me acolheram carinhosamente. A vovó Ana e a Vovó Ursulina me podaram o medo e o Jair Presente, a quem a senhora e o papai recorreram, de princípio, em meu favor, tem sido para mim um outro irmão mais experiente, que não me deixou continuar bancando o bebê chorão.

Graças a Deus, tudo vai assumindo uma feição diferente na vida de seu filho por aqui e espero para breve tempo retornar aos estudos e solidificar-me nas ideias mais claras em que presentemente devo viver.

Estou grato pela força que fazem no sentido de compreendermos juntos a nova condição em que nos vemos. As atitudes em casa são de grande auxílio para nós quando os nossos se empenham na conformação com os desígnios da vida, que são os desígnios de Deus.

Mãezinha, agradeço os seus pensamentos enviados ao meu coração de suas atividades no

Grameiro. Ali, vendo tantas crianças amparadas pelo amor dos pais que as amam sem que lhes sejam filhos, estou aprendendo a ser mais irmão de todos aqueles que necessitam de apoio e bênção, com o ideal da família que ainda não conseguiram de todo realizar.

Diga ao papai e ao querido Fernando de minhas saudades e alegrias e todos estejam informados de que vou fazendo o melhor que posso, principalmente no esforço de recuperar as minhas próprias energias.

O irmão Ítalo está conosco e abraça a nossa irmã Ronnie.

Mãezinha Wilma, não posso escrever mais. O gongo do horário já bateu para mim e por isso paro neste ponto do papel com um beijo de respeitoso amor em seu coração querido.

Muito carinho e gratidão de seu filho sempre seu, cada vez mais reconhecido,

FELIPE MENEGHETTI.

NOTAS E IDENTIFICAÇÕES

1 - *Quase um ano.* – Felipinho desencarnou em 24/7/1978 e esta carta data de 15/6/1979.

2 - *Se o corpo acabou se desmoronando, à maneira de uma gaiola destrambelhada, isso não me alterou de forma alguma.* – A comparação é perfeita: o pássaro (o seu Espírito) se libertou da gaiola, que por sua vez, arruinada, já havia cumprido a sua função. O seu amiguinho Mauro, quando leu a carta, contou à D. Wilma que Felipinho lhe havia dito, em um de seus últimos encontros: "eu não falo aos meus pais, mas sinto que o meu corpo está desmoronando".

3 - *O papai Helder, por intuição, sabe que vou sempre à nossa casa, compartilhando de suas meditações e das melodias que escuto nascendo da inspiração dele.* – O Tenente Helder, regente de Banda Sinfônica, não se considera compositor, mas confirma que muitas vezes, meditativo, cria melodias no pensamento, sem registrá-las em pautas.

4 - *Nosso querido Fernando* – Fernando Meneghetti, seu único irmão.

5 - *Minhas ideias de que o corpo estava pifando* – Ele sempre usava a expressão: "estou pifando", inclusive na véspera de seu desenlace.

6 - *Vovó Ana* – Ana Franco, bisavó materna, falecida há aproximadamente 16 anos.

7 - *Vovó Ursulina* – Ursulina Maria Silva, avó paterna, falecida em 22/8/1976.

8 - *Jair Presente* – Jovem desencarnado em 3/2/1974, filho de José Presente e de Josefina Basso Presente, casal residente em Campinas, SP, amigos dos pais de Felipe. Jair é co-autor dos livros *Jovens no Além* e *Somos Seis*.

9 - *Mãezinha, agradeço os seus pensamentos enviados ao meu coração de suas atividades no Grameiro.* – Trata-se da instituição espírita "Casa da Sopa", localizada no Jardim Campineiro, em Campinas/SP, que oferece, em média, 800 pratos de sopa ao dia, de 2ª a sábado. Inicialmente funcionou no Bairro do Grameiro, onde o Movimento Assistencial Espírita "Maria Rosa" tem hoje a sua sede.

10 - *O irmão Ítalo está conosco e abraça a nossa irmã Ronnie.* – Na véspera do recebimento da carta do filho, D. Wilma ficou conhecendo na fila de atendimento do Grupo Espírita da Prece, em Uberaba, D. Ronnie Venturini Assis, residente em Campinas/SP, que a procurou em nome de D. Wandir Dias, diretora do M.A.E. "Maria Rosa". O irmão Ítalo, pai de D. Ronnie, desencarnou em 6/7/1978.

CARTA 3

Um casal unido no Mundo Maior

José Roberto e Beatriz viviam felizes, constituindo um lar de amor e paz na cidade de Martinópolis, Estado de São Paulo.

Manoelinha, única filha, com um aninho de idade, era o encantamento e a presença de mais um traço de união do casal.

Porém, um acidente fatal, no dia 2 de março de 1978, viria mudar completamente o panorama familiar, com a transferência dos pais de Manoelinha para o Plano Espiritual, quando se dirigiam de automóvel, pela Rodovia Raposo Tavares, com destino a Presidente Prudente, para assistirem ao casamento de Eduardo, irmão de José Roberto.

Beatriz Cândida Maria Ferrairo Janini Gonçalves, nascida a 28 de dezembro de 1955, era filha do Dr. Paulo Affonso Macuco Janini e de D. Leda Marlene Ferrairo Janini, residentes em Martinópolis.

E José Roberto Gonçalves, nascido a 5 de março de 1952, era filho de D. Arminda Gonçalves, viúva do Sr. José Teixeira Gonçalves, também residente em Martinópolis.

***

Meses após o doloroso acontecimento, D. Arminda, orientada por amigas, passou a frequentar, aproximadamente a cada dois meses, as reuniões do Grupo Espírita da Prece, em Uberaba, Minas, onde trabalha o médium Chico Xavier.

Cultivando a fé de um dia receber notícias de seu querido e inesquecível filho José Roberto, ela soube aguardar a oportunidade do reencontro pelo correio mediúnico, viajando nada menos de dez vezes, percorrendo um trajeto de mais de quinhentos quilômetros que separam sua cidade de Uberaba.

E o seu dia chegou. Na reunião pública da noite de 1º de fevereiro de 1980, seu filho, empunhando o lápis do médium Xavier, escreveu-lhe longa carta, com 36 laudas, de esclarecimento e consolo, pedindo-lhe resignação e coragem, trazendo notícias de seu pai José Teixeira, falecido há três anos, de sua esposa e de outros familiares desencarnados. Sobre sua situação atual afirmou: "Beatriz e eu temos procurado aprender e progredir um tanto... seguimos com mais segurança para a frente."

Para D. Arminda, essa foi a maior alegria de sua vida. Disse-nos ainda, quando a conhecemos em Uberaba, que a sua família, embora não espírita, aceitou muito bem a mensagem, e que ela sentiu-se, a partir do recebimento da mesma, mais confortada, enfatizando: "Mudei-me completamente. Foi o fato mais importante de minha vida."

Assim, aconteceu o que o seu filho esperava, quando escreveu: "E ao reler ou escutar estas palavras, que entrego ao papel, o seu coração me descobrirá por dentro das letras, que me refletem os sentimentos de amor e reconhecimento."

Presença de Beatriz na carta do esposo

Observando as laudas psicografadas da carta de José Roberto, não é difícil identificar, no final da 32ª e no início da 33ª, o seguinte recado de três linhas, com letra diferente do restante: *com todo o amor à nossa Manoelinha, abraçando a todos com os meus melhores sentimentos.*

Pode-se observar, também, um outro detalhe: o recado foi escrito logo após a expressão: *os meus e os nossos pensamentos.*

Contou-nos D. Leda, mãe de Beatriz, que também acompanhava D. Arminda na viagem a Uberaba, em 14 de março de 1980, quando as conhecemos, que, ao ver, pela primeira vez,os originais da carta de José Roberto, identificou a letra de sua filha naquele recado de três linhas, mas, na hora, "teve medo de dizer" e nada comentou. No entanto, sua cunhada identificou, "tendo coragem de falar para os demais familiares". Foi quando ela confirmou a "descoberta". Hoje, todos aceitam esse fato com naturalidade.

Havia quase dois anos, D. Leda aguardava, pacientemente, esse "aviso" de sua filha. Pois um mês após o acidente, ela teve um sonho interessante e nítido: via uma mão segurando um lápis e escrevendo sobre uma folha de papel. Quando ela se aproximava para ler o que estava sendo escrito, a folha se afastava. Até que escutou uma voz que dizia: "É uma mensagem de Beatriz, mas você só conseguirá lê-la quando for através das mãos de Chico Xavier."

Ela confiou neste sonho-revelação (hoje podemos dizer que foi premonitório) e nunca se animou a acompanhar D. Arminda em suas periódicas viagens a Uberaba, aguardando um aviso do médium de Uberaba. Por isso, D. Leda deduziu que aquele recado da filha, dentro da mensagem do seu esposo José Roberto (de 1/2/1980), era o aviso há tanto tempo esperado. E, quinze dias depois, a 16 de fevereiro de 1980, lá estava ela em Uberaba, como que atendendo a um encontro marcado. Pela mão abençoada de Chico Xavier deu-se, de fato, a festa do reencontro: Beatriz, Espírito, escreveu a sua primeira carta, assim iniciando-a:

> *"Querida Mãezinha.*
>
> *Conto, como sempre, com a sua bênção.*
>
> *Venho em companhia do nosso caro José Roberto, só para agradecer a sua confiança e a sua renovação ao ver minha letra na mensagem que o José Roberto transmitiu à Mãezinha Arminda."*

Esta carta foi recebida e lida em reunião pública, e a seguir entregue pelo médium a D. Leda. Mas esta não teve oportunidade, naquela noite, de comentar com Chico sobre o interessante fato ocorrido na carta de José Roberto. Somente um mês após, em 14 de março, é que ela, juntamente com D. Arminda, conversaram com o médium, mostrando o trecho em que Beatriz entrou na mensagem do marido. Foi nesse momento que estando próximo, as conhecemos, prestando atenção naquela curiosa narrativa, inédita para nós.

***

Demonstrando uma segurança notável quanto à fidelidade da carta mediúnica, D. Leda esclareceu-nos:

"O estilo sucinto da carta é o mesmo da minha filha. Beatriz continua sendo o que era. (apresentando-nos os originais) É ela mesma..."

E, continuou:

"Ela foi sempre sintética, até para falar. Falava muito pouco. Nesse particular, não se assemelhava à sua mãe... Sendo professora de Português, era muito cuidadosa em sua redação. Observe aqui (mostrando-nos a página 11 dos originais), uma de suas características: tinha o cuidado de não repetir a mesma palavra num texto; note, na penúltima linha: ela escreveu 'criatura' sobre a palavra 'pessoa', para não repetir a palavra 'pessoa', já escrita na 2ª linha desta página. Ela sempre revisava bem o que escrevia.

Para me convencer, Beatriz não precisava acrescentar mais nada em sua carta. E, olhe, ela me conhecia bem, eu sempre coloquei um ponto de interrogação em tudo. Estou plenamente satisfeita. O seu estilo não me deixa a menor dúvida. Ela sempre foi assim desde os primeiros anos escolares, nunca detalhista. Para o senhor ter uma ideia, quando ela regressou de uma viagem à França, colocou em meu colo uma caixa de fotos da viagem, e disse: 'Mamãe, tudo o que eu vi na França está aqui.' Ela pagava para não falar..."

Buscando outros esclarecimentos do caso em estudo, estabelecemos com D. Leda o seguinte diálogo:

– Esta carta mediúnica foi a primeira notícia que lhe chegou de sua filha desencarnada?

– Não. Quando D. Arminda, mãe do José Roberto, esteve aqui pela primeira vez, dois meses após o acidente, para falar com o Chico, este, surpreendentemente, interrogou-a: "Quem é Maria Cândida Janini?" Ela não sabia. Pelo sobrenome Janini, respondeu que devia ser um parente de sua nora, falecida. E o médium explicou: "A Beatriz está com ela." D. Maria Cândida Janini, desencarnada há muitos anos, era a avó paterna de Beatriz. Esta revelação do Chico foi uma feliz surpresa para toda a família.

– A senhora teve oportunidade de pedir novas notícias de Beatriz, diretamente ao médium Xavier, na sua primeira vinda aqui?

– Sim, mas o meu diálogo com ele foi rápido. Ele nada prometeu. Depois coloquei sobre a mesa um papel com o nome dela e a data do seu falecimento. Mais tarde, durante a reunião, fiquei preocupada porque me lembrei que escrevera o seu nome de solteira, omitindo a palavra "Gonçalves". Na carta, porém, Beatriz assinou o seu nome completo, de casada, aliás, muito semelhante à assinatura em vida material.

– Como a família da senhora recebeu a carta mediúnica?

– Muito bem. A repercussão foi grande, pois todos acharam maravilhoso. Eu tinha uma grande preocupação íntima de não ter dado à Beatriz uma orientação espiritual adequada, baseada nos conhecimentos que tenho hoje, e ela faleceu tão jovem... Mas a sua mensagem desfez essa preocupação, transmitindo-me muita tranquilidade, principalmente esta frase: "A sua presença em minha vida me fez rica de paz, compreensão, esperança e felicidade. Hoje sou uma pessoa feliz."

Querida mãezinha Arminda, peço-lhe nos recomende a Jesus em sua bênção.

O tempo que parece cicatrizar qualquer ferida não curou ainda as nossas. As chagas da separação repentina com que não contávamos. Posso dizer-lhe, porém, que Beatriz e eu seguimos com mais segurança para a frente.

Aquele desastre numa festa foi algo de terrível para nós, de começo, quando, mais por intuição do que através de conhecimento direto, nos vimos no processo da desencarnação.

Mamãe, foi muito difícil conseguir paciência a fim de suportar a imobilidade que me entorpeceu devagar. No íntimo, tentava fazer algo que significasse socorro à companheira, mas os braços estavam parados e não encontrava em mim qualquer recurso para mobilizar-me. Por fim, aquela parada geral de tudo. As mãos inertes, a boca hirta, os ouvidos silenciosos, os olhos ensombrados e o cérebro anestesiado por estranha força. Foi assim que parti, ignorando o que fosse qualquer iniciativa para arredar-me do local em que os veículos se haviam chocado... Depois de tempo grande que não medi, acordei ao lado de meu pai que me sossegou o espírito para logo atormentado de indagações.

A presença paterna não me deu ensejo a qualquer dúvida, Beatriz e eu não residíamos mais no mundo que nos fizera felizes. Chorei ao pensar em seu sofrimento de mãe e me senti ligado aos seus sentimentos. Acordar era retomar a vida e retomar a vida era reapossar-me do sofrimento que nos ficara de partilha.

Agora, venho pedir-lhe coragem e segurança. Tanto tempo se foi e vejo-a, quase todos os dias, com o mesmo pranto a perguntar: por quê? Não indague mais, querida mãezinha, e aceitemos a realidade qual se nos mostra.

Estou melhorando por aqui e não me esquecerei de dividir com a senhora todas as boas realizações que o Senhor me permitir efetuar.

As saudades são nossas, mas, no fundo de todas as amarguras da separação aparente, as alegrias estão semeadas e produzirão flores e frutos de felicidade para nós todos.

Beatriz e eu temos procurado aprender e progredir um tanto... Creia, porém, que o desprendimento dos laços humanos é uma lição das mais difíceis para mim, porquanto a vejo longe de nós, embora desejando que a sua querida existência seja premiada por Deus, com a mais longa extensão possível.

O Eduardo, a Francelina e todos os nossos precisam de sua dedicação e tudo farei para que o seu querido coração se reconforte, permanecendo aí por muito e muito tempo, a fim de que os propósitos das Leis de Deus sejam cumpridos.

Sempre acreditei que as mães não deveriam morrer nunca, porquanto somente as nossas mães encontram em si o poder de sustentar-nos vivos na Terra com esperança e harmonia de uns para com os outros.

Estou contente com a oportunidade obtida e transmito-lhe não somente as lembranças de meu pai, mas também o carinho do meu avô Antônio e da vovó Camilla.

Querida mãezinha, a todos os nossos, os

meus e nossos pensamentos (com todo o amor à nossa Manoelinha, abraçando a todos com os meus melhores sentimentos) de afetuosa gratidão.

E ao reler ou escutar estas palavras, que entrego ao papel, o seu coração me descobrirá por dentro das letras que me refletem os sentimentos de amor e reconhecimento. Deus a recompense por todos os seus sacrifícios por nós, seus filhos, aos quais a senhora sempre se entregou para amar-nos e sofrer por nós todos. E guarde, como sempre, com a senhora, todo o coração reconhecido do seu filho,

José Roberto Gonçalves.

Identificações

1 - *Meu pai* – Seu pai, Sr. José Teixeira Gonçalves, desencarnou em 13 de julho de 1975.

2 - *Eduardo e Francelina* – Irmãos.

3 - *Avô Antônio* – Sr. Antônio Gonçalves, bisavô paterno, falecido em Portugal há mais de 20 anos. (Não foi fácil para a família identificá-lo.)

4 - *Vovó Camilla*– Bisavó materna, falecida em Portugal, há aproximadamente 26 anos.

Primeira Carta de Beatriz

Querida mãezinha.

Conto como sempre com a sua bênção.

Venho em companhia do nosso caro José Roberto, só para agradecer a sua confiança e a sua renovação ao ver minha letra na mensagem que o José Roberto transmitiu à mãezinha Arminda.

Mamãe, muito grata ao seu amor e por todas as alegrias de que a sua presença em minha vida me fez rica de paz, compreensão, esperança e felicidade.

Aquele acidente, no dia do enlace do nosso estimado Eduardo, tinha razão de ser.

As raízes de todos aqueles quadros tristes estão no passado e Deus já permitiu fossem arquivados em definitivo nos caminhos do tempo.

Para nós, agora, é a certeza da imortalidade e a alegria do reencontro.

Agradeço quanto fazem os meus familiares queridos e especialmente a sua dedicação por nossa querida Manoelinha.

Graças a Deus, tenho uma filha privilegiada, porque a vejo com duas mães carinhosas e devotadas, a fazerem por ela tudo aquilo que desejaria fazer.

Estou agradecida e quase feliz. Esse quase vem da carência afetiva, diante da falta que sinto de sua presença e da presença de todos os nossos. Entretanto, reconheço que, tanto na Terra quanto aqui, toda pessoa se sente incompleta ante a ausência dessa ou daquela criatura querida, que passou a residir em outro plano de existência.

Que a saudade seja para nós uma oração de esperança; e confiemos em Deus.

Querida mãezinha Leda, a todos de casa os meus votos de paz e alegria.

Para o seu coração querido, todo o coração de sua filha,

BEATRIZ

BEATRIZ C. M. FERRAIRO JANINI GONÇALVES

NOTAS

5 - Carta recebida na reunião pública do Grupo Espírita da Prece, em Uberaba/MG, pelo médium Francisco C. Xavier, a 16/2/1980.

6 - *Aquele acidente, no dia do enlace do nosso estimado Eduardo, tinha razão de ser. As raízes de todos aqueles quadros tristes estão no passado e Deus já permitiu fossem arquivados em definitivo nos caminhos do tempo.* – Por que um acidente tão grave e fatal, logo com um casal jovem, trabalhador e feliz, pais de uma filhinha ainda no primeiro ano de vida? As Forças Superiores do Bem não poderiam tê-lo evitado? Existe uma Justiça Divina orientando e disciplinando os passos humanos? – são perguntas, quase sempre carregadas de revolta e desespero, que habitualmente são feitas diante de dramas semelhantes a esse. Aqui, é a própria Beatriz – já consciente de sua posição em face das leis evolutivas do espírito imortal –, que volta do Além, pela psicografia, para explicar: as raízes de todo o drama estão no passado, em vidas anteriores do casal e familiares. Ele esclarece, com segurança, sem entrar em detalhes desnecessários. A reencarnação é a chave que nos permite abrir as portas para um entendimento maior dos ditames sábios e justos da Providência Divina, que supervisionam o progresso espiritual de cada um de nós. (Ver os livros de Allan Kardec: *O Evangelho Segundo o Espiritismo,* capítulos IV e V; e *O Livro dos Espíritos,* cap. IV, Livro II (Da reencarnação) e cap. X, Livro III (Livre-arbítrio e Fatalidade).)

Segunda Carta de Beatriz

Querida mãezinha Leda, peço a sua bênção.

Venho agradecer-lhe tudo o que faz em meu benefício, e dizer ao papai, vovó, e aos irmãos Paulo, Márcia e Elsie que não os esqueço.

Tanto quanto estou ligada ao seu carinho e à nossa querida Manoelinha, estou junto aos familiares inesquecíveis.

Mãezinha, peço dizer ao meu pai que esperamos dele a coragem e a fortaleza de sempre.

Realmente, o amigo Dr... esteve um tanto desorientado após a liberação da experiência física, e como é lógico, lembrou-se dos amigos, dentre os quais o papai, que é sempre aquele esteio forte. Mas já foi encaminhado para tratamento de recuperação espiritual.

Rogo a meu pai aliviar o pensamento de qualquer retalho de sombra, porque só dispomos de razões para agradecer a Deus as bênçãos que nos iluminam o caminho.

Agradeço à mãezinha Arminda o bem que nos faz. O José Roberto está em minha companhia e beija-lhe as mãos.

Querida mãezinha Leda, não posso gastar mais tempo.

Agradeço toda a sua bondade.

Um beijo em nossa querida Manoelinha e em sua dedicação incessante, ficam a alma toda e todo o coração de sua filha

BEATRIZ.

BEATRIZ C.M. FERRAIRO JANINI GONÇALVES.

NOTAS E IDENTIFICAÇÕES

7 - Carta recebida pelo médium Francisco C. Xavier, a 16 de maio de 1980, em reunião pública do Grupo Espírita da Prece, em Uberaba, Minas.

8 - *Vovó* – D. Rosa Ferrairo, avó materna.

9 - *Paulo, Márcia e Elsie* – Irmãos.

10 - As duas cartas de Beatriz foram divulgadas pela família, em impressos bem confeccionados. No impresso da primeira, reproduziu-se um trecho do original psicografado, e no da segunda, a família colocou o seguinte: "Agradecimento – Chico, pelo conforto recebido e fortalecimento na fé em Jesus, nós te agradecemos, elevando nossos pensamentos ao Altíssimo para que sua missão, tão maravilhosa, seja cada vez mais acrescida de bênçãos celestiais."

CARTA 4

Ele escrevia Edvaldo no chão, nas paredes, onde pudesse...

O menininho Edvaldo Júnior era uma das grandes alegrias do casal Edvaldo Roel da Silva e D. Maria Abadia da Silva, residente em Uberaba, Minas Gerais. Formava com os seus irmãos Rogério, Elizete e Sandra uma constelação familiar muito feliz.

Júnior nasceu em 2 de dezembro de 1970. Apesar de doentinho, com enfermidade congênita no coração, levava uma vida quase normal.

Aprendeu muito cedo a escrever o seu prenome com letras maiúsculas, vendo o trabalho de seu pai, pintor de letras. Escrevia EDVALDO no chão, nas paredes, onde pudesse, com muita graça, despertando a atenção dos familiares, sempre enfeitando a parte superior da primeira letra com pequenos rabiscos.

Gostava de estudar, mas frequentou escola apenas três meses – a Escola Estadual "América" –, pois desencarnou precocemente, em 7 de maio de 1979, antes de completar 9 anos de idade, deixando seus pais desconsolados.

***

"Poucos dias depois do doloroso acontecimento – escreve a confreira e amiga Profa. Izabel Bueno, residente em Uberaba/MG, que, atendendo gentilmente a nosso pedido, entrevistou os pais de Júnior –, uma amiga presenteou sua mãe com o livro *Luz Bendita* (Emmanuel, médium F.C. Xavier, Rubens S. Germinhasi, Ed. Ideal.), que lhe trouxe muito conforto e grande meditação sobre a vida além-túmulo.

Os familiares do menino Edvaldo não são espíritas. Conheciam o médium Francisco Cândido Xavier de vista e pelos programas de televisão, mas nunca haviam conversado com ele.

Em julho de 1979, sua mãe, D. Abadia, foi ao Grupo Espírita da Prece pela primeira vez, em companhia de sua irmã, e conversou com o médium sobre a desencarnação de seu filho, dando referências *somente* de nome, idade e data de seu falecimento.

Naquele encontro, Chico Xavier lhe informa que o espírito do menino Edvaldo estava amparado por sua avó Maria de Carvalho, ao que Dona Abadia responde que a sua avó não tinha esse nome. Em seguida, o médium lhe disse que estava falando no seu ouvido que era, sim, Maria de Carvalho. Foi então que Dona Abadia se lembrou do seu nome verdadeiro, recordando o fato de todos a chamarem por Augusta, pedindo desculpas ao médium.

Em outubro de 1979, a mãe volta ao Grupo Espírita da Prece e coloca sobre a mesa um pedido de notícia, recebendo no final da reunião a seguinte informação dos Espíritos:

'Filha, Jesus nos abençoe.

O querido filho permanece reconstituindo as próprias forças espirituais junto de abnegados Benfeitores da Vida Maior.

Confiemos no amparo de Jesus, hoje e sempre.'

***

Depois, em janeiro de 1980, dia 25, voltou Dona Abadia ao Grupo Espírita da Prece, conversando rapidamente com Chico Xavier durante o atendimento que antecipa o trabalho, tendo o médium convidado a mesma a voltar à noite para a reunião.

O casal Edvaldo Roel da Silva compareceu já no fim da reunião e qual não foi a sua surpresa, quando foi lida a mensagem psicografada do menino Edvaldo, com provas de perfeita identificação."

Querida mamãe Abadia.

Peço a sua bênção.

A vovó Maria de Carvalho e a tia Amélia, que me diz ser nossa tia desde que a senhora ainda era menina, me trouxeram até aqui para escrever que estou bem. A notícia é para o seu coração, para o papai Edvaldo, para a Elizete, para a Sandra e para o Rogério.

Quando cheguei para a casa de vovó Maria eu ainda estava muito doente, mas já melhorei e estou de novo numa escola com muitos amigos da minha idade.

Tudo é tão lindo, mas eu ainda sinto muita falta de sua presença, do papai e dos irmãos, mas estou informado de que devo ser forte para vencer e dar aos meus entes queridos as alegrias que lhes devo.

A vovó Maria diz para não chorarmos com tristeza. Tenho a ideia que vejo a senhora chorando e pensando em mim. Se isso é assim mesmo quero tranquilizá-la, afirmando que vou sempre indo para melhor.

Ele escrevia Edvaldo no chão, nas paredes, onde pudesse...

Mamãe Abadia, abrace o papai, as meninas e o Rogério por mim, e peço ao seu coração querido receber muitos beijos de seu filho, sempre seu filho do coração,

EDVALDO ROEL DA SILVA JÚNIOR.

NOTAS E IDENTIFICAÇÕES

1 - "O seu pai, em suas informações, disse-nos (à entrevistadora, Profa. Izabel Bueno) ter estabelecido duas condições para acreditar na veracidade de uma mensagem de seu filho:

Primeira) – Que a assinatura fosse idêntica à que escrevia o menino antes de aprender a ler e escrever; e também, a que aprendeu na escola.

Verificamos que a mensagem foi assinada conforme a identificação estabelecida: o prenome como aprendeu em casa, antes de frequentar a escola, até os dois pequenos rabiscos em cima da letra "E" (plenamente reconhecidos por seus pais), e o nome de família assinado da forma aprendida na escola.

Segunda) – Que na mensagem houvesse referência à sua mãe, avó do menino, mas, com o seu verdadeiro nome: Maria de Carvalho, pois a mesma era chamada de Augusta de Carvalho, porque não gostava de seu nome legítimo. Todos a chamavam de Dona Augusta. No seu atestado de óbito consta Maria de Carvalho, o que surpreendeu a muitos de sua família que ignoravam o seu verdadeiro nome.

Na mensagem, Edvaldo se refere inicialmente à "Vovó Maria de Carvalho", numa perfeita identificação.

Dona Maria de Carvalho desencarnou há 11 anos na cidade de Uberaba, Minas Gerais.

"Satisfeitas as duas condições estabelecidas pelo pai, não houve dúvidas sobre a aceitação da mensagem pela família e por todos que tiveram o conhecimento do fato."

2 - "Mas, como para completar a identificação, aparece outra prova irrecusável de referência: *a tia Amélia*. Informou-nos Dona Abadia, mãe de Edvaldo, que a tia Amélia era sua vizinha do tempo de menina, muito amiga de sua família, e a quem ela chamava de tia, por amor e admiração.

Certificamo-nos de que, quando Dona Abadia se casou, a Tia Amélia já havia desencarnado. Seu nome era Amélia Alves Carvalho e desencarnou há 16 anos, em Uberaba."

3 - *Quando cheguei para a casa da vovó Maria eu*

ainda estava muito doente, mas já melhorei e estou de novo numa escola com muitos amigos da minha idade. – Esta frase define, perfeitamente, a vida de uma criança após a sua desencarnação. No Mundo Espiritual existem cidades com lares, escolas, templos, instituições, hospitais, locais de recreações, etc. O corpo espiritual sofre as consequências dos problemas (traumas e doenças) do corpo material, necessitando de refazimento ou tratamento após a morte física. Edvaldo não precisou de hospitalização, tendo sido conduzido para a casa de sua Vovó Maria, que já estava no Além havia 11 anos. E quando Júnior se recuperou, voltou a frequentar uma escola que, naturalmente, funciona nos moldes das escolas terrenas, também com crianças agrupadas pela idade e grau de instrução.

4 - *Tenho a ideia que vejo a senhora chorando e pensando em mim.* – Júnior disse uma verdade, pois não há barreiras, nem com a morte física, para aqueles que se amam, permanecendo unidos pela sintonia mental. A Humanidade encarnada e desencarnada está mergulhada num fluido universal que permite a propagação do pensamento, unindo as almas afins.

5 - "Para a família, a mensagem representou a esperança e a consolação na certeza da continuidade da vida depois da morte. A mãe de Edvaldo nos afirma (à entrevistadora) com um sorriso de felicidade

que o seu maior conforto é de saber que o seu filho continua vivo. Isso trouxe alegria e paz a seu lar, para prosseguir nas lutas da existência com os outros filhos que Deus lhe deu: Sandra, Elizete, Rogério (citados na mensagem) e Andréia, nascida recentemente. Verificamos, assim, mais um dos inúmeros casos que a Doutrina Consoladora dos Espíritos esclarece, para manter viva a chama da esperança no difícil percurso da existência humana."

Carta 5

No rio Lambari, quatro jovens iniciaram vida nova

Cumpridor de seus deveres, estudioso, calmo, Landinho era um bom filho. Amoroso, não dormia sem antes beijar seus pais – Sr. Wilson Santos Duarte e D. Marlene Boleta Duarte, residentes em Poços de Caldas, Minas Gerais –, dizendo-lhes: "Durmam com Deus."

Ele passou por um teste difícil: ganhou uma moto e não se descontrolou, não fugindo de sua linha de conduta. Provou que era responsável, não criando nenhum problema para a sua família.

Apesar de ser sociável, cultivando muitas amizades com os moços de sua idade, não deixava de participar dos passeios programados pela família. Ainda 15 dias antes de seu falecimento, fizeram um gostoso e alegre piquenique familiar. Mas, para o sábado de 8 de setembro de 1979, combinou pescar numa represa com três colegas: Marco Antônio, Vlademir e Gerson, pela primeira vez sem a sua família. Orlando Sebastião Duarte, chamado Landinho na intimidade, nascido em 20 de março de 1963, estava com 16 anos de idade.

Na manhã de sua saída para o passeio, verificaram-se fatos curiosos.

Ao sair, D. Marlene, sua mãe, iniciava as tradicionais e amorosas recomendações, quando foi interrompida de forma inabitual pelo filho, dessa maneira:

– Eu sei, mamãe. É para "mim" não pisar no barro, não entrar na água, tomar muito cuidado. Mas a senhora pode ficar tranquila; o que eu vou fazer está certo.

Landinho deu a partida, tirou o carro da garagem, e acenou com a mão em despedida.

Porém, surpreendentemente, ele voltou e tornou a sair, várias vezes em meia hora, com explicações não convincentes. Sabe-se que ele ia até à Vila Cruz, bairro onde residem sua avó e as famílias dos garotos, seus companheiros de passeio. Preocupado com essa conduta estranha, seu pai o alertou:

– Meu filho, assim a gasolina vai acabar. Quando voltar da beira do rio você não terá mais gasolina.

Hoje a família acredita que ele deve ter tido algum pressentimento, e prolongou a despedida de seus entes queridos, porque, ao regressar da represa, já noite, a Variant, com os quatro garotos, ao passar sobre a ponte do Lambari, precipitou-se de uma altura de 5 metros, chocando-se com o leito pedregoso do rio. Todos faleceram no local do acidente, deixando seus familiares profundamente desconsolados.

"Papai, mais vale um amor verdadeiro do que uma tonelada de ouro"

Destacando um aspecto da bela personalidade de Landinho – o seu amor filial –, transcreveremos, na íntegra, a comovente página em saudação ao seu progenitor, no Dia dos Pais de 1979, um mês antes de sua desencarnação:

Papai

Papai, Papai, como o senhor é bom para mim, Papai.

Papai, não tenho nem jeito de agradecer, Papai.

Acho que o único jeito, Papai, é ser fiel e sincero para o senhor, Papai.

Papai, Papai, Papai, se eu pudesse o cobriria de ouro, Papai!

Mas acho que isto não adiantaria, Papai, porque mais vale um amor verdadeiro do que uma tonelada de ouro.

Papai, como o senhor é bom para mim, Papai.

Vou me esforçar agora para lhe dar todo o conforto em sua velhice e na velhice da mamãe, assim como o senhor me dá em minha mocidade.

Papai, o senhor é o melhor do mundo, Papai!...

Orlando

Respostas de Paz após 54 dias de sofrimento e de súplicas

A leitura do livro *Somos Seis* (Espíritos Diversos, Francisco C. Xavier e Caio Ramacciotti, Ed. GEEM), presenteado por uma senhora amiga, foi o primeiro contato sério e profundo dos pais de Landinho com o Espiritismo.

Embora o avô paterno fosse espírita convicto, o Sr. Wilson, pai de Landinho, até então nunca acreditou no Mundo dos Espíritos, dizendo sempre: "morreu, acabou".

Após a leitura das mensagens de jovens desencarnados, no referido livro, o Sr. Wilson e D. Marlene se interessaram em conhecer outras obras semelhantes, lendo a seguir *Presença de Laurinho,* que apresenta mensagens do jovem Laurinho, psicografadas pelo médium Chico

Xavier. Gostaram muito e procuraram a autora do mesmo, D. Priscilla Pereira da Silva Basile, residente em Casa Branca/SP, que os orientou como chegar até o médium Xavier.

Já na semana seguinte, na reunião de sexta-feira do Grupo Espírita da Prece, em Uberaba, Minas, os pais de Landinho conseguiram expor o doloroso problema ao médium, quando este lhes transmitiu o seguinte recado do Espírito do Dr. Nelson de Paiva (médico e amigo da família, desencarnado em Poços de Caldas, Minas, em 1969): "Ele, que havia operado com sucesso a mãe de Landinho há 20 anos, na hora do acidente tentou salvar o garoto e seus colegas, mas nada pôde fazer porque era chegada a hora. Que ficassem tranquilos, pois o filho deles estava bem amparado no Mundo Espiritual."

Com este afetuoso recado do médico inesquecível, o casal retornou ao convívio de seus familiares mais consolado.

Mas, dentro de duas semanas voltaram a Uberaba, quando o Sr. Wilson manteve este interessante diálogo com o médium, na tarde de 2 de novembro de 1979, no decorrer da primeira parte dos trabalhos públicos do Grupo Espírita da Prece:

– Senhor Chico, boa tarde.

– Boa tarde.

– Eu estou aqui porque 54 dias atrás perdi um filho num acidente. Meu pai era espirita e faleceu há dois anos. O avô da minha patroa também era espírita e faleceu há mais de 20 anos. Gostaria de saber do senhor se, por intermédio dos dois, poderia receber notícia de meu filho.

Em seguida, cabisbaixo, o médium afirmou:

– Eu sou a Maria Duarte!

– Maria Duarte? – respondeu o Sr. Wilson, não se lembrando, naquele momento, de sua cunhada Maria Aparecida de Oliveira Duarte, desencarnada em 1954.

– Eu sou a Mariinha, uai!

– Nossa Senhora! – exclamou muito surpreso o pai de Landinho, ao identificar, agora, a sua cunhada chamada Mariinha na intimidade. Disse-nos: "Eu quase morri", quando recebeu tal comunicação mediúnica.

Daí a poucos segundos, Chico estendeu-lhe a mão, dizendo:

– Eu sou Antônio Duarte! Como vai, mano, você está bom?

Emocionado, o Sr. Wilson nada conseguiu responder. "Quase morri outra vez", afirmou-nos. Seu irmão , esposo de D. Mariinha, faleceu em 1972.

E a Entidade espiritual continuou:

– Eu estou aqui para falar que podem ficar despreocupados. Ele vai bem, estamos olhando por ele.

Poucos segundos após, o médium voltou a falar:

– Sou médico da família!

– Sr. Chico, o senhor vai me desculpar, mas na minha família não tem médico. Tenho dois irmãos advogados, mas médico não tenho.

– Você não entendeu, eu sou médico de confiança da família, eu sou Paiva.

– Dr. Nelson?

– Eu sou Nelson de Paiva. Estamos cuidando de seu filho num Hospital da Eternidade. Não se preocupem, ele está bem melhor.

Após estas três comunicações mediúnicas seguidas, de seres queridos, em prazo curto, o pai de Landinho teve uma crise de choro e não mais pôde manter diálogo. Afirmou-nos: "Eu gelei". Ele ia falar mais, mas não tive condições de ouvir".

***

Na segunda parte daquela mesma reunião de 2 de novembro de 1979, em noite alta, Chico Xavier psicografou uma longa, confortadora e elucidativa carta do jovem Orlando Sebastião Duarte aos seus queridos pais, abordando temas e citando nomes totalmente desconhecidos do médium, provando com clareza – em pleno Dia de Finados – que continuava vivo, muito vivo, e com o mesmo amor no coração.

Era a Resposta de Paz, após 54 dias de grande aflição, às sentidas súplicas endereçadas ao Mais Alto.

Querida Mãezinha e querido papai, peço para que me abençoem.

Ainda estou bastante aturdido pelo que nos sucedeu, mas a vovó Pierina me diz que será de utilidade lhes escrever, dando notícias, e aqui deixo o meu pensamento correr na forma de letras.

Ainda não me tomei conta do acontecido. Saímos da represa depois de algumas horas de divertimento em contato com a natureza, para a volta. O escuro da noite, que se derramara de todo, ao que julgo, não nos permitiu enxergar os detalhes da ponte. Os faróis estavam defeituosos, mas não havia em nós a disposição de parar, imaginando que seria coisa simples numa estrada que nos era familiar.

Conversávamos animadamente e não vimos que íamos cair de parafuso nas pedras que calçam as águas do Lambari. A queda foi violenta e nenhum de nós dispôs de tempo para pensar. Nem vimos contato com a água e nem sentimos dor alguma. Tudo foi um momento de freio na pedra. O que apareceu depois não foi para vermos. Afirmo o que tenha sido o que experimentei. As únicas palavras que me servem para definição aproximada do que desejo explicar é que tombei num pesadelo do qual me demorei a sair...

Tinha ideia de que a nossa Variant teria tomado a forma de um avião despencando ribanceira abaixo, ao encontro daquela muralha deitada no chão, e de que tudo estava escuro em torno de nós. Lutava para acordar, mas sem recursos para isso. Queria tocar os companheiros, cuja respiração pressentia perto de mim, entretanto achava-me num pesadelo e quem se vê numa situação dessas, não pensa em braços sem possuí-los...

Nessa condição estive até que um sono me entorpeceu a cabeça... Não mais consegui raciocínio para comandar a mim próprio. Entreguei-me àquela força estranha que me apagava de todo.

Depois, foi o acordar...

Estávamos os quatro companheiros hos-

pitalizados num instituto para nós desconhecido. De amigos, não havia sinal. O espanto se fazia meu sócio de todo instante, sem que fosse possível consultar o ânimo dos amigos que enxergava perto... Diálogo a diálogo, reconheci o meu avô Sebastião e a vovó Pierina, o Dr. Nelson de Paiva com outros médicos e enfermeiros nos tratavam, mas soube de todas essas identificações após algum tempo de surpresa em que não conhecia meios para conhecer ninguém. Agora estou melhor e espero continuar progredindo em domínio próprio.

Querida mamãe, o Gerson ainda luta mais do que nós, porque a mãezinha dele, Dona Vilma, está ligada em seu coração de filho pelos cadeados do sofrimento na inconformação. Sei que não se pode pedir a um coração de mãe para que se modifique, porque Deus criou as mães diferentes no amor, entretanto o Gerson precisa de auxílio para asserenar-se. Os Diandas, com o apoio que recebem, vão melhorando, principalmente o Marco Antônio, que tem muita fé no coração. E assim vamos seguindo para adiante.

Quanto a mim, peço-lhes para viver. O papai está aí precisando de sua assistência constante. A Dulcinéia, o Antônio, a Maria Aparecida são complementos de nós mesmos.

Mamãe, rogo-lhe paciência e segurança de fé. Agradeço as preces por mim e peço para que continuem, porque as orações em nós, pelo menos para mim funcionam por bálsamos, que nos aliviam os pensamentos, principalmente quando se faz qualquer esforço para lembrar o que deve ser esquecido.

Papai Wilson, o vovô Sebastião está comigo e abençoa-o.

Vou terminar, porque assim é preciso. Envio lembranças a todos os nossos.

Perdoem-nos pelo acontecido. Todos os nossos familiares podem crer que estávamos sóbrios. Nenhum de nós se excedeu em qualquer brincadeira. É natural estejamos preocupados com os julgamentos que se façam a nosso respeito, mas temos conosco a tranquilidade de quem não se complicou em problema algum. Diz meu avô que mais tarde compreenderemos a ligação de tudo o que nos ocorreu com o passado, em outras experiências, o que minha cabeça ainda não tem lugar para entender.

Pais queridos, abençoem-me e me desculpem, um dia retomarei o lugar do filho que lhes deve retribuir o amor que lhes devo. Com o amparo de Jesus, estarei melhorando cada vez mais.

Querida mãezinha, um beijo de muito carinho em sua face querida e para o coração de meu pai toda estima respeitosa, com o abraço muito saudoso do seu filho

ORLANDO.

NOTAS E IDENTIFICAÇÕES

1 - *Vovó Pierina* – Bisavó materna, desencarnada em 1961.

2 - *Os faróis estavam defeituosos* – Esta afirmativa só foi confirmada um mês depois desta mensagem, isto é, três meses após o acidente, com a liberação da Variant pela Delegacia de Polícia. Ao desmontarem o carro, constataram que houve um curto-circuito, queimando toda a instalação elétrica.

3 - *Águas do Lambari* – O acidente fatal deu-se no rio Lambari, município de Poços de Caldas, Minas Gerais.

4 - *Estávamos os quatro hospitalizados num instituto* – Não devemos estranhar tal referência, porque numerosas outras informações espirituais revelam a existência, no Mais Além, de hospitais, residências, escolas, oficinas de trabalho, etc. – construídas isoladamente ou constituindo cidades.

5 - *Avô Sebastião* – Sebastião Duarte, avô paterno, desencarnado em 1977.

6 - *Gerson* – Gerson Henrique de Paiva, amigo de Orlando, desencarnado no mesmo acidente.

7 - *Os Diandas* – Refere-se aos irmãos Marco Antônio e Wlademir Dianda, desencarnados no mesmo acidente.

8 - *Dulcinéia* – Dulcinéia Boleta Duarte Vasques, irmã, casada com Antônio Vasques.

9 - *Antônio* – Antônio Vasques, cunhado.

10 - *Maria Aparecida* – Maria Aparecida Duarte, irmã mais nova.

11 - *Diz meu avô que mais tarde compreenderemos a ligação de tudo o que nos ocorreu com o passado, em outras experiências, que minha cabeça ainda não tem lugar para entender* – Como a evolução do Espírito se faz através de aprendizados em reencarnações sucessivas, que obedecem a Orientações Superiores – baseadas em Justiça e Amor Infalíveis –, colhemos

sempre numa existência reflexos de vidas anteriores. Assim, conforme a explicação de Landinho, o retorno precoce dos quatro jovens para o Grande Além estava no programa das Leis Divinas.

Segunda Carta

Querida Mãezinha Marlene e querido papai Wilson, peço para que me abençoem.

Desejo expressar-me com a segurança da alegria do rapaz que se sente agradecido a Deus e à vida pelos pais que tem. Digo assim porque estamos registrando a necessidade de rasgar essas nuvens de tristeza que os nossos entes mais queridos estão formando sobre nós.

Acreditem que depois de tanto esforço para endereçar-lhes as nossas notícias, estamos quase que na estaca zero.

O papai Wilson vem desanimando, a Mãezinha Marlene procura fixar apenas o lado triste que já passou como qualquer tempestade, a Dona Neuza chora sem consolo e a Dona Wilma conserva os olhos vermelhos como quem injetou lacre na córnea.

E nós prosseguimos lutando.

Quando a gente imagina que já saiu das pedras do Lambari, eis-nos de novo, nas telas mentais que se corporificam em nossas ideias obrigando-nos ao trabalho gigantesco de reiniciar o serviço da reforma íntima para a aceitação da vida por verdadeira dádiva de Deus.

Afinal de contas, aquele sábado de tantas sombras precisa acabar.

Nossas mães e pais queridos com os nossos parentes e amigos nos convidaram para a missa do chamado Sétimo Dia, na Igreja de São Sebastião, e ainda estávamos cambaleando, quando minha avó Pierina e outros parentes dos meus companheiros nos incitaram a acompanhar o ofício religioso em nossa memória e em nosso auxílio.

Olhem que eu estava exausto, quase que apagado ainda no choque sofrido, mas me lembro que as conversas todas foram de aceitar a vontade de Deus, de nos entregarmos todos a Deus, de respeitar as leis de Deus e de nos conformarmos com o que Deus nos enviasse, e até hoje nada.

Aquelas promissórias assinadas na Igreja, diante dos símbolos veneráveis da religião, estão todas aguardando pagamento. Ninguém se lembrou de resgatar os votos feitos.

O choro continuou, dia e noite, e sou eu por enquanto o único a dispor de alguma calma para fazer o riso possível de maneira a zombarmos de nós mesmos.

O Gerson, o Marco Antônio e o Wla estão murchos.

Será ótimo, mãezinha Marlene, que a sua disposição de servir advogue a nossa causa, suplicando às nossas mães, pois considero Dona Neuza e Dona Wilma por mães também, tanto quanto os meus companheiros a consideram, para que nos entreguem a Deus, como prometeram sob a guarda de São Sebastião.

Pensem que os votos e promessas formulados ao céu são todos válidos e legítimos. Os prejudicados com o atraso somos nós, aqueles mesmos rapazes que foram declarados libertos da vida física.

Reconhecemo-nos claramente lesados, mas não proclamo isso à maneira de cobrador dessa piedade. Quem pede compaixão somos nós para que possamos deslanchar para outros ainda este ano, antes que o nove de setembro próximo apareça no calendário.

Quem tiver alguma queixa contra nós que nos perdoe. Não fomos imprudentes, porque temos consciência de que estávamos sóbrios na ideia de pescaria na represa, que não passou de um passeio inocente, e por isso nada temos com a morte que nos surpreendeu. E se estivéssemos em erro, o que não sucedeu, já teríamos pago com essa mesma morte a falta cometida. Aí não ficou nenhum de nós quatro para contar o caso, por isso o assunto é quadripartido. Somos quatro irmãos pedindo aos nossos para ficarmos todos em dia com as orações, porque do jeito em que vamos, as preces da família estão num lado muito diferente onde acreditamos que a fé em Deus deva morar.

Espero fazer algum sorriso em meu pai Wilson e em meus irmãos. Que a Dulcinéia, o Antoninho e a Aparecida me auxiliem, porque o negócio é viver, tanto aí quanto aqui, com a certeza de que o infinito amor dos céus nos acompanhe e garanta.

Não me interpretem mal nos conceitos

que emito. Não estou desprezando a dor das nossas queridas famílias e sim buscando acordar as pessoas que amamos para que nós todos possamos largar o brejo e caminhar para a frente.

O vovô Sebastião e a vovó Pierina nos trouxeram o apoio de muitos benfeitores, dentre os quais saliento não só o nosso médico Dr. Paiva, mas igualmente o Padre Francisco de Paula Victor, de Três Pontas, e a Irmã Esther, de Barretos. Mas enquanto os pais queridos não nos soltarem da corda de lágrimas e ressentimento, estaremos na mesma.

Auxiliem-nos e perdoem-nos. Aqui traço o ponto final. Com todos os nossos no pensamento, deixo à querida mãezinha Marlene e ao querido papai Wilson todo o coração do filho sempre grato

ORLANDO SEBASTIÃO DUARTE.

NOTAS E IDENTIFICAÇÕES

12 - Carta psicografada pelo médium Francisco C. Xavier, em reunião pública do Grupo Espírita da Prece, Uberaba, MG, em 25/7/1980.

13 - *Dona Neuza* – Mãe de Wladimir e Marco Antônio Dianda.

14 - *Dona Wilma* – Mãe de Gerson Henrique de Paiva.

15 - *O nosso médico Dr. Paiva* – Dr. Nelson de Paiva, de Poços de Caldas, médico e amigo da família, desencarnado em 1969.

16 - *Padre Francisco de Paula Victor, de Três Pontas* – Também citado na primeira carta de Nestorzinho, será identificado no Capítulo 16, Nota 14.

17 - *Irmã Esther, de Barretos* – Desconhecida da família de Orlando, foi identificada pelo sr. Aníbal Rodrigues, de Barretos, SP, em atenciosa carta, datada de 11/11/1980, aqui transcrita em seus tópicos principais: "Em atenção à sua carta que me pede informações sobre a Irmã Esther, informo-lhe que não tive nenhuma dificuldade em consegui-las, eis que a referida senhora outra não é que avó de minha nora Maria Cristina. Posso-lhe assegurar que se trata de uma pessoa boníssima, cuja vida na Terra foi inteiramente dedicada ao bem comum, tendo como objetivo primordial a caridade. Foi uma das fundadoras do Centro Espírita Amor, Fé e Caridade, desta cidade, onde militou cerca de 35 anos com dedicação, responsabilidade e muito amor. Dirigiu

o Lar das Crianças de Barretos, que abriga cem menores carentes, do sexo feminino, durante 20 anos, com carinho e abnegação. Esther de Araújo Reis, mais conhecida por Irmã Esther, nasceu em Pinhal, SP, a 9/7/1896 e faleceu em Barretos, SP, a 29/11/1975."

18 - Agradecemos ao confrade e amigo Milton Muniz, de Poços de Caldas, a gentileza de entrevistar os pais de Orlando, com vistas ao presente trabalho.

Carta 6

De volta, dias após o desenlace

Quando D. Auzenita caminhava tranquilamente, em companhia de seu netinho Cleison, de 4 anos de idade, pela cidade de Goianésia, no interior goiano, foram atingidos violentamente por um automóvel, que após chocar-se com outro veículo numa esquina, subiu na calçada, ceifando-lhes a vida material. O desenlace de ambos foi imediato. O calendário assinalava 3 de agosto de 1979.

Como era de se prever, o trauma emocional no seio familiar foi imenso, doloroso, decorrente não só do impacto de um acidente fatal, mas, principalmente, pelo amor que todos lhes devotavam.

Se D. Auzenita partiu de forma inesperada, igualmente inesperada foi a comunicação mediúnica de seu Espírito, pela psicofonia, apenas seis dias após a desencarnação.

O fato deu-se numa reunião do Centro Espírita Eurípedes Barsanulfo, de Goianésia, com a presença de seu filho Eurípedes, pai *de* Cleison, que, como espírita de berço, sempre frequentou esses trabalhos. Evidentemente, a sua felicidade, ao reencontrar-se com a querida progenitora, foi muito grande. E ela, embora profundamente emocionada, em lágrimas, conseguiu transmitir com poucas palavras o seu pensamento de fé na Providência Divina, conformada com as últimas experiências de sua vida, na certeza de que ainda iria se fortalecer para continuar amparando os seus entes queridos que ficaram na Terra. E provando que sabia de uma polêmica em família, da construção ou não de uma capela sobre o túmulo onde o seu corpo havia sido sepultado juntamente com o netinho, emitiu o seu parecer, preferindo um túmulo simples, pois sempre viveram com simplicidade, argumentando também que o dinheiro poderia ser aplicado em algo mais importante.

Sua família recebeu com júbilo esta abençoada mensagem, e o seu desejo foi realizado.

Novamente, dezoito dias após a sua passagem para o Além, D. Auzenita voltou a comunicar-se espontaneamente com seu filho, no mesmo Centro Espírita, desta vez através de outro médium. Um pouco mais calma, menos lacrimosa, em curta mensagem reafirmou sua fé no Pai Celestial, lamentando apenas que não tinha visto ainda o Cleison, porém foi informada de que o netinho também havia sido assistido por Benfeitores Espirituais e conduzido a um local próprio para crianças.

Esta segunda comunicação trouxe renovadas luzes de paz e consolo para toda a família.

Terceira mensagem em Uberaba

Quatro meses após o doloroso acontecimento, Eurípedes Cardoso dos Santos dirigiu-se a Uberaba, Minas, acompanhado de sua esposa, Diniz Cardoso dos Santos, e do amigo e confrade Orcedino Wenceslau da Silva, presidente do Centro Espírita Eurípedes Barsanulfo, com o intuito de receber novas e mais completas notícias de sua mãe.

Lá chegando, compareceu à reunião pública do Grupo Espírita da Prece, onde falou com Chico Xavier, expondo-lhe o sofrimento familiar com a perda súbita de dois entes queridos. Devido à longa fila de postulantes a um diálogo com o médium, não teve oportunidade de entrar nos pormenores dos acontecimentos, inclusive não se referiu às mensagens mediúnicas já transmitidas em Goianésia, mas ficou satisfeito em receber palavras de conforto e esperança, e poder colocar sobre a mesa dos trabalhos um pedido de notícias de sua progenitora, escrevendo apenas o nome e a data do falecimento.

Horas depois, no final da reunião pública daquela noite de 8 de dezembro de 1979, Xavier leu, como habitualmente faz, a longa carta psicografada, de autoria do Espírito de D. Auzenita, confirmando logo de início as suas mensagens transmitidas em Goiás, e estendendo-se em muitos outros temas restritos somente ao círculo familiar, dando uma prova notável da vida além-túmulo e da possibilidade do nosso intercâmbio com o Plano Espiritual.

Eurípedes, meu filho, Deus abençoe a você e Diniz com todos os nossos.

Estou aqui juntamente com vocês, como quem procura confirmar notícias que já consegui enviar através do Centro Eurípedes Barsanulfo, em nossa Goianésia. O nosso irmão Orcedino é nossa testemunha. Agradeço a ele por ter vindo. Não precisava, em meu entendimento, reafirmar o que já disse. Muito me doeu aquela desencarnação repentina, quando guardava o nosso Cleison com tanto amor. Naquela hora em que o movimento súbito de máquinas nos envolveu, se me achasse sozinha, não me afligiria tanto. Afinal, filhos queridos, tinha eu vi-

vido a minha existência. Deus me concedera a felicidade de criá-los com carinho na singeleza de nossa vida e de nossa casa.

Não que eu tivesse a ideia de querer a "morte"; entretanto, estava resignada com o que pudesse vir sobre os meus dias na Terra. Mas o netinho era um tesouro em minhas mãos. Era a vida que começava e que eu devia defender. Penso que adormeci agarrando-me a ele, na ânsia de livrá-lo. O resto não posso saber, porque a misericórdia de Deus nos amansa o senso de consciência na hora grave da liberação do corpo físico, assim como acontece conosco se alguém no mundo nos administra um anestésico de alto poder.

A não ser aquele pavor no coração da mulher que se vê obrigada a salvar um filho ou um neto, sem poder, à frente do inevitável, nada mais sofri. Entrei numa espécie de sono, no qual vivi toda a minha existência, desde a infância, como se estivesse divagando num sonho...

Quando acordei, ao me reconhecer sem o Cleison, gritei por socorro e chorei, como podem vocês imaginar...

Da atmosfera que me cercava não guardei traços na lembrança porque os meus braços vazios me compeliam no mergulho em mim própria, a fim de rezar em desespero. Nossa abnegada Josefa, a quem chamo por mamãe Josefa, qual se me visse de novo criança, me amparou, abrindo-me os braços.

A perda do netinho me fazia sofrer muito mais que o desenlace havido entre mim e o corpo estragado que ficara. Fui informada de que o neto fora conduzido a um lar de crianças, enquanto me entregava ao sofrimento, ao recolher informações quanto a ele.

O que chorei, meus filhos, não me seria possível dizer com palavras. Sei, porém, que nossa querida Diniz e você me compreenderam e que tudo vai se reorganizando para a vida. Não direi que essa organização se verifica sem mim, porque as mães nunca morrem. Adivinho que Deus me concederá um meio de estar perto de casa para ver a todos e acompanhá-los com o meu coração. O Wolmer e a Marilú ainda precisam de muita assistência e rogo a vocês auxiliarem meus filhos, com as palavras de paz e de esperança de que tanto necessitam.

Já posso ver o nosso Cleison, onde se encontra sob o carinhoso cuidado de muita gente boa, e prometo dividir-me entre vocês, em Goia-

nésia, e ele, que se transformou em meu companheiro de viagem, dessa viagem em que somos transportados nos braços daqueles que nos fazem a caridade de amar nas horas difíceis, quando já nada se tem para dar ou retribuir.

Tenho recebido os bons pensamentos de seu pai, que muito me auxiliam, e agradeço à Maria Aparecida, à Marilú, ao Wolmer e a vocês, as orações com que me confortaram neste ponto de minha dolorosa experiência, em que atualmente me vejo lutando ainda bastante para recuperar-me na paz de que preciso, a fim de retornar às minhas possibilidades de ser útil.

De qualquer modo, peço a vocês, da família, que nada promovam contra qualquer pessoa. Aprendi com a vida que devemos colocar a nós mesmos no lugar daqueles que arcam com o fardo da culpa e não desejo nem para vocês, e nem para mim, os sentimentos daqueles irmãos que merecem as nossas preces de paz, e não qualquer palavra de censura.

Aqui, na vida espiritual, a verdade se nos revela com tamanha luz, que qualquer ideia de punição sobre os outros não é mais possível; somos todos irmãos, o erro de uns pode ser a falta dos outros. Sou ainda mãe de meus filhos e compreendo que os nossos semelhantes não nasceram no mundo sem a presença de mães que os amam e, sempre pensando em Deus, desejo a paz. Desejamos todos nós essa paz, a fim de que não estejamos a criar maiores lutas em torno de nossos passos.

Filhos meus, imaginando aqui a presença de todos, peço a Deus que os abençoe. E esperando que a fé em Deus cubra as nossas provas, das quais naturalmente temos necessidade, reúno vocês todos em meu abraço de muito carinho, embora orvalhado das lágrimas de saudade, a mamãe que os seguirá sempre, rogando a Deus que a todos nos ampare e nos abençoe,

AUZENITA DA SILVA NUNES.

NOTAS E IDENTIFICAÇÕES

1 - *Cleison* – Cleison Cardoso dos Santos, seu netinho, filho do casal Eurípedes – Diniz Cardoso dos Santos, nascido em 25/11/1974.

2 - *Entrei numa espécie de sono, no qual vivi toda a minha existência, desde a infância, como se estivesse di-*

vagando num sonho... É uma fase habitual do processo desencarnatório. (Ver Notas 11 e 7, respectivamente dos Capítulos 16 e 18.)

3 - *Josefa* – D. Josefa Faustino de Assunção, bisavó materna de Cleison, já desencarnada.

4 - *Fui informada de que o neto fora conduzido a um lar de crianças* – Quando desligados do corpo físico, as crianças são conduzidas a lares, hospitais ou instituições outras, especializadas, dependendo da condição espiritual ou/ e perispiritual das mesmas. (Ver os livros: *Entre a Terra e o Céu,* Espírito de André Luiz, Cap. 9 a 11, Ed. FEB; e *Crianças no Além,* Espírito de Marcos, Caio Ramacciotti, Ed. GEEM, ambos psicografados pelo médium Francisco C. Xavier.)

5 - *Wolmer, Marilú e Maria Aparecida* – Filhos de D. Auzenita.

6 - *Peço a vocês, da família, que nada promovam contra qualquer pessoa. (...) Aqui, na vida espiritual, a verdade se nos revela com tamanha luz, que qualquer ideia de punição sobre os outros não é mais possível; somos todos irmãos, o erro de uns pode ser a falta dos outros.* – Disse-nos Eurípedes, filho de D. Auzenita, em entrevista pessoal a nós concedida em Uberaba, que sua família, de fato, já havia constituído advogado para cuidar do caso, objetivando uma punição dos possíveis culpa-

dos. Todavia, diante deste pedido da sua progenitora, a família desistiu da questão.

7 - *Auzenita da Silva Nunes* – Filha do casal João Mera Nunes – Ana Lina Teixeira, nasceu em Angical, Bahia, a 18/11/1930. D. Loura – assim mais conhecida entre os íntimos – era muito dinâmica, comunicativa e caridosa. Além de seus quatro filhos, já citados, criou mais quatro crianças órfãs. Professava o Espiritismo.

Carta 7

A vitória espiritual de dedicada esportista

Syumara, uma jovem alegre e simpática, deixou aos seus queridos pais, Sr. Dimas de Oliveira e D. Aracy Bellacosa de Oliveira; aos seus estimados irmãos, Dimas de Oliveira Júnior e Denise de Oliveira; aos demais familiares; aos seus amigos, e a todos nós que, agora, passaremos a conhecê-la, uma herança maravilhosa, tecida com os fios sublimes da resignação e da paciência, da compreensão e da fé.

Nascida a 9 de agosto de 1960, Syumara desligou-se do plano terreno em 9 de novembro de 1979, na Capital Paulista.

Quem melhor do que o seu irmão, o seu querido Juninho – solicitado pelos seus pais –, para nos contar a sua história?

Eis a nossa entrevista:

– Juninho, diga-nos algo sobre a personalidade de sua irmã.

– Minha irmã Syumara não era mesmo deste mundo... Suas atitudes eram tão puras e corretas que chegavam a nos deixar perplexos perante o seu caráter. Imagine você que ela ao namorar nunca saía sozinha com o namorado; não que meus pais proibissem, não. Ela somente concordava em sair acompanhada por um membro da família, a quem sempre deu um valor imenso...

– Seu pai disse-nos que ela foi uma grande esportista.

– Syumara sempre se dedicou aos esportes, sempre sonhando um dia entrar numa Faculdade de Educação Física. Destacava-se em todos os esportes que praticava, até mesmo, futebol, esporte que praticou, com muita habilidade, até a idade de 15 anos.

– O problema de saúde que a acometeu aos 16 anos, foi muito grave?

– Aos 16 anos, começou a sua missão na Terra, de sofrimentos... Foi diagnosticado câncer no joelho direito. Só agora entendemos que era a preparação de seu passaporte para o Além.

Em março de 1978, após numerosos tratamentos, ela foi internada em estado grave na Santa Casa de Misericórdia de São Paulo, a fim de fazer a amputação da perna direita para salvar sua vida, que estava por um fio...

– E ela sabia da gravidade do seu caso?

– Todos sabíamos o que ia acontecer, menos ela, que entrou na sala de cirurgia pensando que somente iriam fazer algumas radiografias. Durante horas, que nos pareceram anos, nos perguntávamos o que diríamos a ela, qual seria sua reação ao se ver sem a perna, e ao sentir-se tão brutalmente enganada. Qual seria sua reação? Ódio? Revolta? Como nos enganamos... Ao voltar da mesa de operação, e já sem a perna que havia marcado tantos gols, ao entrar no quarto, ela recuperou a consciência. Minha pobre mãe, dilacerada pela dor e pela angústia, saiu do quarto em prantos, sem ter coragem de encarar a filha que tivera de enganar para salvar a vida... No quarto fiquei eu, completamente apavorado, prevendo as piores reações possíveis, meu tio Fausto e nossa querida amiga e irmã de Espiritismo, Odete, juntamente com duas irmãs de caridade e psicólogas que haviam sido solicitadas para explicar a minha irmã o porquê da amputação.

Mas surpreendentemente, foi ela, Syumara, quem nos consolou e agradeceu pela medida que havíamos tomado, pois não suportava mais as dores cruciantes que sentia na perna. Em seguida, pediu para comunicar-se com nossos avós maternos, e ela mesma, por telefone, consolou-os, dizendo-lhes que uma perna perdida não a modificaria em nada, e que ela seria sempre a mesma Syumara. Depois mandou chamar minha mãe e meu pai, e disse-lhes com firmeza e autoridade na voz (o que lhe era bem peculiar) que a partir daquele instante não queria mais ver lágrimas, pois não havia motivo para desespero e choro.

– Com o passar dos meses, ela continuou resignada?

– Depois desta fase, ela em nada modificou seu temperamento e nunca escutamos de seus lábios uma só palavra de queixa sequer. Nunca. Ao contrário do que se podia esperar, ela continuou com o mesmo bom humor de outrora, sempre com um sorriso a lhe iluminar o semblante, e às vezes, com a sua gargalhada a lhe estourar nos lábios tal qual uma cachoeira de alegria. E, ainda, dentro do possível, procurava ajudar minha mãe e minha irmã Denise nas tarefas diárias da casa.

Passamos um ano e meio tranquilos e felizes, apesar de uma vez por mês ela ter que se submeter a aplicações de quimioterapia.

Em agosto de 1979, ela começou a queixar-se de dores no tórax. O tumor havia invadido os pulmões. O prognóstico do médico foi bem claro: três meses de vida. Perdemos todas as nossas esperanças.

Mudamos de Taubaté para São Paulo, para ficarmos perto de nossos parentes, com a certeza de encontrarmos um porto, onde pudéssemos nos ancorar, quando tudo viesse a acontecer. No dia 9 de novembro de 1979, três meses após a sua última festa de aniversário, estávamos todos novamente reunidos, todos aqueles que cantaram Parabéns a Você, agora chorando a despedida de Syumara, que nos deixava com destino à Vida Maior.

– Juninho, como você e sua família receberam as cartas do Além, de autoria de sua irmã?

– Creio que não há dor maior neste mundo, nesta nossa curta passagem pela Terra, do que a perda de um ente querido de nossa família. Mas, na nossa ignorância, que é perfeitamente compreensível, não aceitamos a realidade de que "eles", na paisagem onde se encontram, estejam mais vivos do que nós, simples mortais, apegados a tantas insignificâncias materiais. Eu e minha família só fomos aprender o verdadeiro significado da palavra "morte", quando começamos a frequentar o Grupo Espírita da Prece, em Uberaba, Minas, onde, através do querido amigo Francisco Cândido Xavier, recebemos, até o momento, cinco mensagens psicografadas da minha saudosa irmã. Agora sabemos que Syumara está mais viva do que nós, e foi muito bem recompensada pela serenidade com que enfrentou as adversidades e provas que o destino lhe apresentou, em tão curto tempo de vida terrena.

Querido papai Dimas e querida mãezinha Aracy, estou em prece, rogando a Jesus que nos ampare e abençoe.

Estou emocionada entre o desejo de escrever e a vontade de chorar, mas chorar de alegria pela oportunidade de me prevalecer do lápis a fim de endereçar-lhes as minhas notícias. Muito difícil comunicar às letras os nossos estados de alma, além da grande transformação... Todas as expressões verbais falam do habitual; no entanto, esta imensa alteração para melhor, que vivo sentindo após o longo período de meu tratamento doloroso, é algo de indefinível para mim... Em verdade, estou dividida. Ganhei equilíbrio e naturalidade para a vida, mas perdi a convivência no lar em que estimaria tanto haver permanecido, mesmo doente... É a saudade que nos aflige por dentro da própria alma, conquanto exteriormente tudo pareça renovação e alegria de novo.

Pai querido, peço-lhe... Rogo ao seu carinho, e à mãezinha Aracy, para que não lastimemos o ocorrido... Uma enfermidade longa na juventude, mal invencível que desafia todas as nossas forças, é igualmente uma Bênção de Deus. Auxiliem-me a esquecer a dor, para me fixar na esperança. Temos necessidade de reerguermos em espírito, de modo a aceitar os ensinamentos da vida tais quais o são. Se ponderarmos com segurança em derredor de nossos sofrimentos no mundo, concluiremos que recebemos de Deus sempre aquilo que se faz o melhor para nós.

Tudo passou nos domínios das reações difíceis do corpo e das aplicações terapêuticas que, aliás, quase não suportava mais. Espero que reflitam comigo, assim, para que não me sinta endividada de novo para o que se foi, olvidando a paz que devo encontrar adiante.

Mãezinha Aracy, e querido papai Dimas, evitemos o pessimismo. Observem o Juninho perto de nós, e meditemos em nossa Denise, que nos requisitam a melhor atenção. É preciso viver, embora as aflições acumuladas no coração, e conservem a certeza de que surgirá o dia em que nos reencontraremos para a felicidade sem ponto final. Não me acreditem cansada ou diferente, porquanto me vejo em pleno refazimento.

A primeira pessoa a cuja frente me vi, logo após a liberação do instrumento físico, foi a vovó Aurora. Tantas haviam sido as dores, especialmente as dores da perna doente, que a ideia de haver atravessado a morte não me atemorizou... Lembrei-me de que a vovó Aurora havia partido pouco tempo antes de minha aparente despedida, e acolhi-me nos braços dela, qual se eu fosse uma andorinha desejando, ansiosa, a paz e sedenta de ninho. A vovó me guardou junto do próprio coração, recomendando, e confiei-me ao sono reparador. Despertando depois de uma parcela de tempo, cuja duração ainda desconheço, fui apresentada ao vovô Frederico e à querida bisavó nona Bellacosa. As lágrimas de emoção me caíram dos olhos, porque não conseguiria outra maneira de exprimir-me, e hesitando entre a Vida Espiritual e a Existência Física, me demorei nas orações, aguardando o socorro dos mensageiros angélicos. Sentia em mim toda a angústia que nos invadira a casa feliz, e confesso-lhes que sofri muito, tentando inutilmente voltar...

As lágrimas do papai e da mamãe pareciam gotas de fogo sobre os meus pensamentos e, por isso mesmo, meus primeiros tempos na Paisagem onde presentemente me encontro não foram fáceis...

Tive entretanto um grande reconforto. A nossa querida Egle, a prima que me antecedera na viagem marcante da desencarnação, veio ao meu encontro, aclarando-me as ideias que se confundiam em minha cabeça. Egle também sofrera o martírio da minha perna cortada e, identifica-

das em nossos problemas, em companhia dela fui melhorando, a ponto de conseguir voltar à casa e abraçá-los para amenizar as saudades muitas. Quero assinalar isto para consolo da tia Nadir e do tio Célio, porque me sinto confortada em lhes transmitir estas notícias.

Diante das novas experiências a que me submeto, rogo aos queridos paizinhos que me auxiliem com a serenidade e com a fé viva em nosso futuro, baseada na certeza de que Deus não nos desampara. Pai querido, agradeço-lhe tudo o que fez ao lado da mamãe para que me curasse e continuasse em casa... Compreendi o amor em todas as providências, por vezes sacrificiais, a que se entregaram por minha causa... Agradeço por tudo, porque, em verdade, encontrei os melhores pais que o mundo pudesse dar...

Agora, tanto a nossa Egle, fulminada pelo acidente vertiginoso, quanto eu mesma, portadora de uma doença longa, estamos íntegras em nossa forma, sem qualquer constrangimento ou alteração...

"Agradecemos aos pais queridos todo o carinho que nos doaram, e esperamos que, um dia, o Senhor nos permitirá retribuir os tesou-

ros de ternura de que enriqueceram a presença no mundo..."

Pais queridos, não consigo prosseguir em minha carta espontânea, reconstituindo todos os quadros que me preparavam a volta para o verdadeiro lar, diante da emotividade a que somos induzidos. A vovó Aurora julga melhor que lhes apresente a reafirmação do meu amor, e com a minha petição de paz, entre nós, que a oração nos auxiliará a entretecer.

Querido paizinho Dimas, o nosso intercâmbio prossegue... Ouço quanto me fala o seu coração e procuro responder no silêncio, pedindo-lhe, calma e confiança.

Mãezinha Aracy, meu coração fica repartido entre os dois e com os irmãos a que me sinto ligada pelos melhores sentimentos de minha vida.

Esperarei que outras oportunidades nos favoreçam para o correio espiritual e, rogando a Deus que nos conserve sempre unidos e sempre fortes na fé, beija-lhes as mãos queridas a filha saudosa e confortada, com muita esperança e muito amor no carinho de sempre,

SYUMARA.

SYUMARA DE OLIVEIRA.

Notas e Identificações

1 - Carta psicografada pelo médium Francisco Cândido Xavier, em reunião pública do Grupo Espírita da Prece, na noite de 7/6/1980, em Uberaba/MG.

2 - *Lembrei-me de que a vovó Aurora havia partido pouco tempo antes de minha aparente despedida* – Aurora de Abreu, avó paterna, desencarnou em 15/8/1979, com mais de 80 anos de idade, e Syumara em 9/11/1979.

3 - *Vovô Frederico* – Frederico Bicudo de Oliveira, avô paterno, desencarnado em 15/12/1939.

4 - *Bisavó Nona Bellacosa* – Rosa Masi Bellacosa, bisavó materna, desencarnada em 19/6/1960. Os netos costumavam tratá-la por "Nona" (avó, em italiano).

5 - *Egle, a prima que me antecedera na viagem marcante da desencarnação* – Egle Coelho faleceu em 16/3/1978, com 14 anos de idade, vítima de atropelamento. Esteve internada, em coma, com esmagamento em uma das pernas, por 25 dias. Seus pais, Célio Coelho e Nadir Bellacosa Coelho, na verdade primos de Syumara, eram chamados por ela, carinhosamente, de "tios". Esta foi a primeira notícia que receberam da filha desencarnada.

6 - *Estamos íntegras em nossa forma, sem qualquer constrangimento ou alteração...* – os corpos físicos de ambas haviam sido mutilados mas, agora, os corpos espirituais (perispíritos) mostram-se perfeitos.

7 - *"Agradecemos aos pais queridos todo o carinho que nos doaram"*– É um agradecimento das duas jovens, pois a mãe de Egle estava presente à reunião.

8 - *Querido paizinho Dimas, o nosso intercâmbio prossegue...* – Ela era muito apegada ao seu pai. Viajava sempre com ele em fins-de-semana, principalmente para assistirem a jogos de futebol, ambos corintianos entusiastas. Quando Syumara ia aos estádios, para torcer pelo seu clube, usava blusa e chapeuzinho com emblema do Corinthians, não esquecendo também a bandeira... Sua mãe disse-nos: "Ela era a sombra do pai".

9 - Esta carta foi publicada, na íntegra, pelo jornal *Diário de Taubaté*, de Taubaté/SP, em sua edição de 10/9/1980, com belo comentário de Ladiel de Carvalho.

Segunda Carta

Querido paizinho Dimas e querida mãezinha Aracy, peço-lhes que me abençoem.

Volto a escrever-lhes, confirmando as notícias do meu reconhecimento, buscando estendê-lo à querida Vovó Ízide, ao Vovô Dudú, ao Tio Fausto e à Tia Rosa, com muito carinho à Denise, ao Juninho, à nossa Ana Paula e à nossa querida Quica.

Presentemente, papai Dimas, já me transferi de residência. Deixei o meu estreito apartamento da tristeza, para morar no Conjunto Esperança. Tenho mobiliário novo nessa casa íntima. Adquiri um jardim suspenso de paz e disponho de muitos recursos para fazer música de alegria no coração.

O meu serviço de preces conta com a cooperação de muitas afeições dedicadas ao Bem, e vou criando transformações incessantes, nas quais, porém, o amor é invariável. Em todos os meus rogos à Divina Providência o seu coração e a Mãezinha Aracy estão incluídos.

Se a amargura me buscar, o que acontece de vez em quando, ao recordar o longo período em que me vi agrilhoada à enfermidade, peço a ela, com paciência e cuidado para se encaminhar à Farmácia do Socorro Divino, na qual existem remédios para todos os males. Quero abraçar, ou melhor, prosseguir abraçando o serviço renovador em que me vejo, através do qual consigo me aproximar de nossa casa e partilhar das nossas aspirações do cotidiano.

A Vovó Aurora me tutela os desejos e continuo em busca do melhor a fazer, a fim de conseguir condições para entrar em sintonia com a nossa felicidade de crer positivamente no amparo de Jesus, aceitando a presença dele em nossas vidas.

Agradeço a Vovó Ízide as carinhosas reclamações com que me cobrou a lembrança pessoal em minhas notícias. A vovó tem razão, mesmo porque devo saber que ela se encontra em tratamento, e sua neta não deve e nem pode esquecer-se disso.

Pois, a propósito, desejo contar-lhes que a vovó Rosa Masi me perguntou por que não assinei o nome "Bellacosa" em minha carta. Disse à querida nona que isso seria um meio de afirmar, ao lado da mamãe Aracy, que a nossa família é sempre linda em todas as direções. Farei isso hoje ao me despedir nesta carta.

Observarão comigo que não estamos lon-

ge da Terra mesmo. Os parentes são os mesmos Laços de Amor, ensinando-nos a ciência do relacionamento pacífico.

A nossa Egle, com quem me harmonizei tanto, aqui me solicitou para transmitir muito amor e reconhecimento à Tia Nadir e ao Tio Célio. Insisti para que escrevesse; no entanto, a querida irmã do coração me afirmou não dispor ainda de estrutura emocional para escrever sem lágrimas. Espero, porém, que ela o faça em breve, para satisfação de todos.

Paizinho Dimas e querida mãezinha, com todos os nossos presentes recebam as minhas saudações esmaltadas de alegria pela felicidade de nos amarmos com tanta intensidade, uns aos outros.

Aqui devo terminar. Escrevi o que pude, conquanto a correspondência para casa é sempre um culto de amor que a gente estimaria conservar, sem as limitações do tempo. Carinho a todos, e para os pais queridos, as melhores lembranças com todo o coração.

Da filha sempre reconhecida,

SYUMARA.

SYUMARA BELLACOSA DE OLIVEIRA

Notas e Identificações

10 - Carta psicografada pelo médium Francisco C. Xavier, em reunião pública do Grupo Espírita da Prece, em Uberaba, MG, na noite de 12/7/1980.

11 - *Vovó Ízide* – Ízide Canevari Bellacosa, avó materna, disse-nos que chorou muito porque não foi lembrada pela neta na primeira carta. Chegou a comentar, em família: "Syumara se esqueceu de mim". Desta vez, observa-se, foi a primeira a ser citada após os seus pais, dizendo ainda: *Agradeço à Vovó Ízide as carinhosas reclamações com que me cobrou a lembrança pessoal em minhas notícias.* Esta frase surpreendeu D. Ízide, pois a sua reclamação ficou entre as paredes do lar, totalmente ignorada pelo médium.

12 - *Vovô Dudú* – Arthur Bellacosa, avô materno.

13 - *Tio Fausto* – Fausto Bellacosa, tio materno.

14 - *Tia Rosa* – Maria Rosa Varanda Bellacosa, tia materna.

15 - *Ana Paula* – Ana Paula Bellacosa, prima, filha do casal Fausto e Maria Rosa.

16 - *Quica* – Ana Cristina Bellacosa, prima, também filha do casal Fausto e Maria Rosa. Quica

era o apelido carinhoso que Syumara havia colocado nesta prima, quando ela nasceu.

17 - *Deixei o meu estreito apartamento da tristeza, para morar no Conjunto Esperança. Tenho mobiliário novo nessa casa íntima. {...3 disponho de muitos recursos para fazer música de alegria no coração.* – 26 dias antes da desencarnação, a sua família transferiu-se de Taubaté para um apartamento em São Paulo. Daí a referência ao "apartamento da tristeza". Na véspera do falecimento de Syumara deu-se um fato interessante, contado pelos seus pais, e que merece registro, semelhante a vários casos documentados cientificamente pelos pesquisadores: Dr. Raymond A. Moody Jr., autor do famoso livro *Vida depois da Vida* (Editora Edibolso S.A., São Paulo, SP.); e Dra. Elisabeth Kübler-Ross, psiquiatra norte-americana. Syumara, após atravessar uma noite toda em coma, acordou pela manhã e disse: "– Adeus a todos. Agora eu quero voltar para o outro lado de lá." Olhou de um lado e de outro, e continuou: "– Eu quero voltar para minha casa." "– Mas você está em sua casa!" – responderam. E ela esclareceu melhor: "– Eu quero voltar para a casa do outro lado de lá." Syumara não mais voltou ao assunto e seus pais entenderam, na época, que ela se referia à casa de Taubaté. Mas, hoje, deduzem que a filha já estava tendo uma vivência no Mundo Espiritual. E nós entendemos que a jovem esportista, com

resignação e paciência, alcançou uma grande vitória espiritual, haja vista o ambiente de conforto, paz e trabalho em que vive na atualidade.

18 - *O meu serviço de preces conta com a cooperação de muitas afeições dedicadas ao Bem.* – Syumara é uma criatura admirável. Em tão pouco tempo de regresso ao Mais Além, já abraçou importante "serviço renovador".

19 - *Desejo contar-lhes que a Vovó Rosa Masi me perguntou por que não assinei o nome "Bellacosa" em minha carta. Disse à querida Nona que isto seria um meio de afirmar, ao lado da mamãe Aracy, que a nossa família é sempre linda em todas as direções. Farei isso hoje ao me despedir nesta carta.* – D. Rosa Masi Bellacosa é sua bisavó materna, desencarnada há 20 anos. Syumara não foi registrada com o nome Bellacosa, mas devido ao seu carinho para com os avós Bellacosa, sempre dizia que, na maioridade, acrescentaria esse nome no seu. Por esta razão, a família colocou em seu túmulo o nome: "Syumara Bellacosa de Oliveira".

20 - *Insisti para que (a nossa Egle) escrevesse; no entanto, a querida irmã do coração me afirmou não dispor ainda de estrutura emocional para escrever sem lágrimas. Espero, porém, que ela o faça em breve para satisfação de todos.* – Realmente, transcorrido apenas um mês, na madrugada de 16/8/1980, Egle (Espírito) escreveu a sua primeira carta aos seus pais.

Terceira Carta

Querido Paizinho Dimas e querida Mãezinha Aracy, abençoem-me.

Nestas páginas ligeiras desejo unicamente dar um sinal de presença para exprimir-lhes o meu reconhecimento. Continuo melhorando junto à Vovó Aurora e ao Vovô Frederico.

Meus pensamentos vão adquirindo novos traços de renovação. Tenho procurado substituir em mim tudo o que recorde tristeza e amargura por elementos de otimismo e de esperança. Com isso vou percebendo que as forças da vida me respondem às interpelações, motivo que me leva a compreender que as flores falam, as estrelas nos confiam maravilhosos segredos, o céu nos expõe a grandeza da vida e cada pessoa é, acima de tudo, alguém de Deus a pedir-nos, sem palavras, para que vejamos a presença de Deus nelas próprias, para que elas encontrem a presença de Deus igualmente conosco.

Queridos pais, rogo-lhes coragem e paz. Não sei agradecer o auxílio que me enviam, mas Jesus lhes oferecerá o que não posso... a Felicidade que merecem.

Nossa Egle está satisfeita por se haver

comunicado com a Tia Nadir e com o Tio Célio, e me solicitou dizer que não se esqueceu do irmão querido a quem envia carinhoso abraço, lembrando-lhe o gesto fraternal.

Peço transmitirem o meu carinho aos irmãos queridos, aos quais agradeço a bondade com que receberam as notícias.

Querido papai Dimas, receba com a Mãezinha Aracy todo o amor de sua filha e companheira, sempre agradecida e sempre em seus passos com a dedicação de todos os dias,

SYUMARA.

NOTAS

21 - Carta psicografada pelo médium Francisco Cândido Xavier, em reunião pública do Grupo Espírita da Prece, na noite de 16/8/1980, em Uberaba/MG.

22 - *De sua filha e companheira* – Este tratamento define o relacionamento filial, tão amoroso, que sempre teve para com seu pai. Companheira nos passeios, nas viagens, nas praças de esporte, na torcida corintiana...

Quarta Carta

Querido Papai Dimas, estou ouvindo os seus pedidos, mas hoje escrevo ao seu carinho e ao carinho da Mamãe, tão-somente esta frase: "Amo a Vocês dois cada vez mais."

Abraços e beijos da filha,

Syumara.

Notas

23 - Página psicografada pelo médium Francisco C. Xavier, em reunião pública do Grupo Espírita da Prece, na noite de 13/9/1980, em Uberaba, MG.

24 - O Sr. Dimas, presente à reunião pública, deixou o salão quando o médium iniciou a psicografia, assentando-se num dos bancos externos. Recolhendo-se em meditações, passou a pensar em vários problemas, pedindo mentalmente à filha soluções aos mesmos, aguardando resposta por via mediúnica. A cartinha de Syumara, provando que "ouvia seus pedidos", lhe proporcionou grande alegria. Por certo, os problemas serão aclarados no momento oportuno.

Quinta Carta

Querido papai Dimas e querida Mãezinha Aracy, peço-lhes me abençoem.

Parece que sou hipnotizada pelos anseios do paizinho Dimas. Basta que ele me requisite a palavra, eis-me aí, tentando atender. Temos aqui muitos amigos, entretanto eles optaram pela concessão do lápis em minha mão, a fim de manifestar-me.

Papai, o seu entusiasmo por sua filha me envaidece, porque parte de sua ternura paternal, mas peço-lhe compreender que sua filha ainda é muito pobre de recursos para satisfazê-lo. Continuo lutando para consolidar os valores que requisito a fim de ser melhor; por isso mesmo, rogo as suas preces por mim, porque realmente eu preciso de semelhante auxílio.

Entendo o carinho com que a sua bondade me pede as notícias, e veja, papai Dimas, que se me fosse possível, desejaria estar constantemente ao seu lado e ao lado da Mamãe Aracy.

A querida Egle veio comigo e com a Vovó Aurora, e estamos em oração pela paz e pela felicidade dos queridos pais, da Tia Nadir, do Tio Célio e de todos os nossos. A Egle preocupa-se para se fazer sentir mais fortemente ao mano Éder, a quem já procuramos tranquilizar.

Papai Dimas, quando queira me oferecer alguma lembrança, ajude a alguém, lembrando-se de sua filha. Isso é a boa prática a fim de que eu tenha o meu caminho mais amplo no auxílio de que necessito a fim de seguir para a frente. Rogo sempre, otimista, sempre lendo a Cartilha da Esperança, e não tenho motivos para me queixar, mas sinto por dentro de mim própria, a esforçar-me com mais vigor para atingir o porto da paz de maneira a servir em favor de quantos amamos.

Sei que as minhas cartas como que se parecem missivas de namorada dos pais queridos, mas sei que me compreendem e me perdoam.

Mãezinha Aracy, na Vida Espiritual, parece que o coração da gente se torna mais sensível e vocês dois, pais abençoados de meu caminho, são as duas almas queridas às quais posso me confiar inteiramente.

Peço ao papai Dimas procurar um tratamento de saúde com a orientação do médico de sua confiança, pois estou vendo essa neces-

sidade. Papai, o corpo é a nave em que o espírito viaja através dos dias, buscando realizar as tarefas que lhe foram confiadas. Por isso é preciso trazer semelhante barco sempre habilitado para a vida, tão tranquila quanto possível. Espero que o seu carinho me atenda para que me veja mais confiante.

Um abraço da Egle e igualmente meu para o Tio Célio e para a Tia Nadir, e para vocês dois, pais queridos, as muitas saudades e o carinho imenso da filha reconhecida,

SYUMARA.

NOTA

25 - Carta psicografada pelo médium Francisco Cândido Xavier, em reunião pública do Grupo Espírita da Prece, na noite de 25/10/1980, em Uberaba/MG.

Carta 8

Após a tempestade de dor, a certeza do reencontro

"O acidente ocorreu no dia 1° de novembro de 1979, na estrada que liga São José dos Campos a Caraguatatuba, mais ou menos a 8 km da Via Dutra, tendo sido provocado por um caminhão basculante carregado de areia que trafegava contramão. Após chocar-se frontalmente com um automóvel em que se encontrava um casal de São José dos Campos (que também foram vítimas fatais), bateu também frontalmente contra o veículo dirigido pelo meu filho Nestorzinho.

Meu filho, ao pressentir o acidente, ainda tentou evitá-lo, saindo para o acostamento, o que de nada adiantou, pois o caminhão desgovernado foi de encontro a eles no próprio acostamento. Faleceram no local, além do Nestorzinho, minha esposa Ivanir e D. Julieta, minha sogra. Minha filha Sâmadar faleceu ao dar entrada no hospital e meu filho mais novo, Gustavo, faleceu no dia seguinte ao acidente. Encontrava-se ainda no carro a Elisa Helena, noiva do Nestorzinho, que foi a única pessoa que saiu com vida, embora com ferimentos graves, mas que hoje, graças ao bondoso Deus, se acha totalmente recuperada."

Com estas palavras, o Sr. Nestor Macedo, conhecido e estimado empresário de Ribeirão Preto, Estado de São Paulo, atendendo ao nosso pedido, contou-nos, por carta, seu doloroso drama, que comoveu toda uma região.

Além de outras informações, incluídas no próximo capítulo, o Sr. Nestor enviou-nos um exemplar da Revista *Diretriz – Fatos, Feitos & Fotos,* de maio/junho de 1980, nº 12, editada em sua cidade, a qual divulgou o caso com a reportagem: "Mensagem do Além, o conforto para quem ficou", de autoria de Luane, assim redigida, antecedendo a transcrição total da primeira carta mediúnica de Nestorzinho:

"Uma mensagem do Além, psicografada pelo médium Francisco Cândido Xavier, tranquilizou Nestor Macedo. Em Uberaba, no dia 9 de abril de 1980, ele leu uma carta enviada pelo seu filho Nestor Macedo Filho, que faleceu no dia 1° de novembro de 1979, juntamente com a mãe, a avó materna e os dois irmãos, quando iam para Ilhabela.

Quando D. Ivanir, esposa de Nestor Macedo, saiu de viagem com sua mãe D. Julieta e os filhos Sâmadar, de 18 anos, e o caçulinha Gustavo, de 6 anos, para encontrar Nestorzinho, em São Paulo, de onde sairiam de carro para a praia, ele teve um pressentimento: 'Pedi para que me telefonassem assim que chegassem em Ilhabela. Fiquei esperando o telefonema até 10 horas com tranquilidade, mas depois o tempo ia passando e aumentava minha angústia; sentia um aperto no coração.'

Quando o Passat de Nestorzinho ultrapassava oito quilômetros da Via Dutra, um caminhão, carregado de areia, vindo em alta velocidade, em mão contrária, os atingiu e esmagou o automóvel. Apenas Gustavo sobreviveu ao acidente mas, no dia seguinte, faleceu também e chegou a tempo para ser enterrado, juntamente com toda a família, no cemitério da Saudade.

Nestor Macedo soube da triste notícia através do Delegado de Polícia e teve um choque violento. De um dia para o outro havia perdido toda a sua família. Responsável pela Macedinho Imóveis, de repente não se via mais em condições de trabalhar. 'Não assimilava nada' – afirma. – Fechou a imobiliária por 4 meses, mudou-se de apartamento e trocou todos os móveis. Para evitar maiores lembranças, modificou o ambiente.

Os amigos, conforme ressalta, o ajudaram muito e não o deixavam em momento nenhum: 'Deram-me enorme apoio emocional, ficando comigo até altas horas da madrugada. Ajudaram-me muito nos primeiros meses, que são os piores.'

O filho conta que está tudo bem

Aos poucos, o ritmo de sua vida foi voltando ao normal, embora hoje Nestor Macedo seja um homem de semblante triste. Voltou a trabalhar, mudou também o local de seu escritório e, na sua sala, estão emolduradas fotografias de toda a família, inclusive de sua sogra.

Não consegue esconder sua tristeza, confessa que a saudade é imensa, mas está conformado. Afirma que sabe que está tudo bem, pois o seu filho disse isso para ele na mensagem psicografada por Chico Xavier e isso o tranquiliza.

'Quando Chico Xavier começou a ler a mensagem de meu filho, senti uma emoção muito grande.'

Há quem considere mensagens psicografadas ilusionismo, obras de falsos profetas do apocalipse. Por outro lado, há quem acredite, e muito, na mensagem do Além, no contato com espíritos através da mediunidade de alguém.

Nestor Macedo não só acredita nas mensagens psicografadas, como também considera o trabalho de Chico Xavier muito sério. Dele trouxe ótima impressão.

'Chico Xavier é uma pessoa de alma pura, sem falsidades; não pede nada em troca e me inspirou muita confiança.'

Ele procurou o médium em Uberaba, acompanhado por seu amigo Renê Strang, que também perdeu seu filho em acidente automobilístico, o Renezinho, e recebeu igualmente uma mensagem psicografada por Chico Xavier.

'Era uma quarta-feira e havia uma multidão querendo falar com o Chico Xavier – lembra. – Eu estava lá em busca de conforto espiritual e recebi.' Vinte pessoas conversaram com Chico Xavier. Conforme descreveu Nestor Macedo, todos se concentraram numa sala, oraram, e então o médium começou a receber as mensagens; a de Nestorzinho e a de um parente de um dos presentes.

(...) A mensagem de seu filho fez o sr. Nestor acreditar também que o 'outro mundo é muito bonito' e passou a ter certeza de que a morte não é algo tão ruim como muitos acreditam.

'Neste mundo em que vivemos – acrescenta – cumprimos nossa missão para depois partirmos para um mundo melhor, isso se formos bons. Eu acredito que minha família já tinha cumprido sua missão aqui na Terra, e se encontra num plano espiritual mais elevado.'

A certeza do reencontro

Nesses seis meses, o Sr. Nestor viveu momentos de profunda amargura. Ele lembra que comemorou seu aniversário, no dia 1° de janeiro, no cemitério. Nos outros anos comemoravam juntos o aniversário de Nestorzinho, que nasceu também no dia 1° de janeiro, e o de Sâmadar, que era no dia 2.

Sente muito a falta das crianças e confessa que às vezes sente-se desamparado pela falta dos cuidados da esposa. À noite assiste televisão sozinho e, se não fossem as pescarias nos fins de semana e a companhia dos amigos, talvez tivesse tentado o suicídio.

'No começo pensei muito em me suicidar; afinal achava que minha vida não tinha mais razão de ser, estava sozinho. Graças a Deus não cometi essa loucura; se eu tivesse antecipado minha morte, tenho certeza que não reencontraria meus familiares. Poderia vê-los de longe, mas me aproximar, nunca.'

O Sr. Nestor tem certeza de que quando transcender o mundo material vai encontrar toda a sua família. Acredita também que receberá outras mensagens psicografadas e por isso irá uma vez por mês a Uberaba."

Querido Papai, peço a Deus nos fortaleça e abençoe, ao mesmo tempo que lhe peço abraçar seu filho, de volta.

Não sei como iniciar estas notícias. Estou surpreso, superando dificilmente o meu próprio estado emocional. Tantas lutas em tempo assim reduzido! Desejava retirar de sua lembrança toda a carga de angústia que lhe ficou a pesar no espírito agoniado pela provação. Queria possuir as palavras exatas com as quais pudesse reconfortá-lo, entretanto, Papai, o seu sofrimento é igualmente nosso. Ainda não nos refizemos do choque sofrido, mas em suas orações e pensamentos vamos encontrando recursos para atenuar as nossas próprias inquietações.

Graças a Deus, a sua fé resistiu à tentação de vir ter conosco antes do dia apropriado, e a sobrevivência de sua coragem nos une para forças novas, de modo a vararmos e nebulosa da saudade e continuar, na Vida Maior, na caminhada para a frente, o que para nós tem sido, por enquanto, muito difícil. Devo, porém, afirmar que com a proteção dos Mensageiros de Jesus, vamos conseguindo melhoras, mormente verificando que a sua confiança prossegue vitoriosa, confiança em Deus que lhe brilha no coração e nos atinge, reformulando-nos as energias.

Perdoe-me se fui instrumento indireto da tempestade de dor que nos envolveu. Recordo-me perfeitamente de que o seu coração paterno hesitava na aprovação à nossa viagem. Lembro-me de suas palavras concitando-nos a atravessar os feriados juntos em casa, sem afrontar os perigos das estradas repletas de riscos e de empeços inesperados. Sentia, porém, tanta falta da mamãe Ivanir, do nosso Gustavo e de todos os nossos... Queria um recanto em que estivéssemos "mais unos" e daí a minha insistência na ideia da viagem que acabou se realizando. Cheguei de Mogi com tanta ansiedade qual se eu fosse um menino sequioso de carinho e de festa...

O pessoal preparou a bagagem às pressas e partimos. Tudo corria regularmente; no entanto, de mim mesmo, registrava um quê de amargura que não conseguia explicar. Conversava com todos, mas experimentando um estranho vazio por dentro de meu próprio coração. De São José dos Campos para a Ilha, porém, novas emoções, semelhantes às saudades antecipadas de sua presença, me tomaram o íntimo e, quando menos esperava, eis que a máquina gigante nos colheu em sentido direto. Minhas ideias se voltaram imediatamente para a mamãe e para a vovó Julieta, no intuito de defendê-las para em seguida confabular com a nossa Elisa e com a nossa Sâmadar. Contudo, meus esforços foram vãos, já não dispunha de meios para externar qualquer palavra e só Deus sabe com que aflição fui subjugado pela inércia que me entorpecia, de repente. Num lance veloz de tempo revi toda a minha vida curta de rapaz e em seguida me arrojei num sono pesado de que só despertaria dias depois, a fim de me conscientizar quanto ao total da verdade, ciente de que me achava em uma organização hospitalar, quanto ao meu caso. Vim a me informar depois que a mãezinha, a vó Julieta e os queridos irmãos se encontravam em setor diferente. Perguntei por nossa estimada Elisa, vindo a saber que o tratamento dela seria efetuado no plano físico, onde se demoraria por mais tempo.

As suas lágrimas de pai me alcançaram, tão logo me conscientizei quanto à nova situação. Com exceção daquela que era o meu afeto de moço, todos nós havíamos perdido o tesouro maior da vida – a própria família –, que somente se reorganizaria do lado de cá. Pude ver a mãezinha, a vovó Julieta e os queridos irmãos; no entanto, a dor do adeus não se verificou senão com o nosso silêncio repleto de agonias iguais às suas. Amigos queridos vieram ao nosso encontro: o meu avô José da Cruz veio com o Padre Victor nos prestar caridoso socorro. Em pouco tempo outros benfeitores apareceram, o nosso amigo Dr. Álvaro Couto encarregou-se de meu tratamento, amparando-me na recuperação.

Paizinho amigo, vou seguindo melhor, mas o quadro da máquina a triturar-nos, qual um trator de esteira sobre a erva, ainda não me saiu da lembrança. Auxilie-me ainda com a sua coragem. Pai querido, nada fiz que pudesse motivar o desastre. Se algo experimentava, era a alegria que nascera das saudades então dissipadas, mais nada. Viajávamos sem pressa, considerando respeitosamente os sinais, e quando o grande veículo, como que desgovernado, avançou para cima de nós, expulsando-nos do corpo físico, somente as Leis Divinas poderiam estar funcionando, porque cuidado e atenção não me faltavam. Posso afirmar-lhe que não sentimos dor. O impacto foi violento, demasiado peso maciço em nós e sobre nós. Não houve um milímetro de tempo à nossa disposição para examinar essa ou aquela possibilidade de nos furtarmos ao acidente então irreversível. A dor veio depois, na mágoa de haver deixado a sua presença, e na angústia de ouvir-lhe as indagações que ecoavam dentro de nós, qual se nos achássemos em comunhão mais íntima consigo, em nossa casa. A sua capacidade de sofrer com resignação contagiou-nos fé, e assim me expresso porque a mãezinha Ivanir e a vovó Julieta me disseram sentir as mesmas sensações de apoio, em sua lealdade a Deus. Efetivamente, não fosse a falta do seu carinho e do nosso lar – ninho de paz e felicidade que a sua bondade nos construiu no mundo –, estaríamos claramente mais fortes.

Entretanto, Papai querido, vamos fazendo quanto possível para corresponder ao seu devotamento. O vovô José da Cruz nos pede calma e veio em minha companhia, solicitando-lhe essa mesma atitude perante a vida e diante do sofrimento a que estávamos destinados.

Papai, continue agindo em nosso auxílio. Em verdade, temos feito várias tentativas de abordar o seu coração com as nossas notícias; no entanto, unicamente hoje consigo reunir energias para falar-lhe com mais clareza. Com o seu amparo, estarei renovado para retomar os meus estudos por aqui, porquanto já estou ciente de que o meu esforço na preparação ante a Medicina pode e deve continuar. A morte não existe no sentido com que se formula na Terra semelhante palavra. Estamos sempre mais juntos. Mãezinha Ivanir pede para que o seu coração não se suponha a sós. Há muito serviço por fazer em auxílio de outras crianças, e esperamos em Deus, que o seu triunfo sobre a dor da separação temporária estará com o senhor, restaurando-lhe as forças.

Querido Papai, se possível rogo seja dito à nossa querida Elisa que serei para ela o irmão reconhecido e que não desejamos vê-la acabrunhada ou infeliz. Menina correta e nobre, sustentada em suas esperanças para o futuro melhor, Jesus nos auxiliará a vê-la de novo refeita e segura na fé em Deus, de maneira a cumprir as elevadas tarefas que o Mais Alto lhe concederá um dia. Nos reuniremos novamente numa vida maior sem lágrimas e sem despedidas. Deus, que nos aproximou um do outro não nos separaria para sempre.

O irmão Juvenal e o amigo Cândido

Lima, além de outros amigos, nos auxiliam e nos socorrem com imenso carinho.

Papai, quanto lhe seja possível, recorde-nos naqueles que experimentam provações mais agudas que as nossas.

Não desanime. O Senhor velará por seus passos de obreiro do bem.

A Mãezinha Ivanir, com a vovó Julieta, a querida Sâmadar e o nosso querido Gustavo lhe enviam todo o carinho na dedicação de sempre.

Não posso escrever mais; desculpe-me se aqui encerro. É que grafei como pude as notícias de que fui mensageiro, mas as saudades ainda são constrangedoras demais para que me alongue nesta escrita, já por si tão extensa. Pedimos a Deus para que as suas forças estejam ajustadas para o trabalho e rogamos a Jesus que o abençoe e guarde sempre.

Amigos novos que vamos conhecendo aqui, mais treinados nas letras mediúnicas, me ajudam a cumprir este dever do meu coração, dentre eles o Augusto César, a quem fico devendo muitos obséquios.

Papai querido, não se julgue sozinho e

confie mais em Deus, na certeza de que Deus também confia em nós. Para o seu carinho, todo o respeitoso amor de seu filho, sempre o seu

NESTORZINHO.

NESTOR MACEDO FILHO

NOTAS E IDENTIFICAÇÕES

1 - Carta psicografada pelo médium Francisco C. Xavier, em Uberaba/MG, a 9/4/1980.

2 - *Querido Papai* – Sr. Nestor Macedo, residente em Ribeirão Preto/SP.

3 - *Em suas orações e pensamentos vamos encontrando recursos para atenuar as nossas próprias inquietações.* – Há um intercâmbio muito grande, pelo pensamento (ondas mentais), entre as criaturas que se amam, não bloqueado nem mesmo pela morte. Aqui observamos os benefícios das orações fervorosas e dos pensamentos positivos calcados na esperança.

4 - *Graças a Deus, a sua fé resistiu à tentação de vir ter conosco antes do dia apropriado.* – Pelas informações vindas do Mundo Espiritual (*O Livro dos Espíritos,* Allan Kardec, 4ª Parte, Cap. 1) sabemos que

o suicídio é um ato dos mais graves e desastrosos para o futuro do nosso Espírito. Muito pelo contrário, pelo desequilíbrio espiritual que provoca, o suicídio não facilita a reaproximação com os entes queridos domiciliados no Além. Confirmando estes conhecimentos, Nestorzinho afirma: *a sobrevivência de sua coragem nos une para forças novas, de modo a vararmos a nebulosa da saudade e continuar, na Vida Maior, na caminhada para a frente.* O Sr. Macedo confirmou que teve pensamentos iniciais de autodestruição, ao dar uma entrevista que transcrevemos no Capítulo anterior.

5 - *Mamãe Ivanir* – D. Ivanir da Cruz Silvan Macedo (23/11/1935 – 01/11/1979).

6 - *Nosso Gustavo* – Gustavo da Cruz Macedo (4/1/1973 – 2/11/1979), irmão caçula.

7 - *De mim mesmo, registrava um quê de amargura que ao conseguia explicar. Conversava com todos, mas experimentando um estranho vazio por dentro de meu próprio coração. De São José dos Campos para a Ilha, porém, novas emoções, semelhantes às saudades antecipadas de sua presença me tomaram o íntimo e, quando menos esperava, eis que a máquina gigante nos colheu em sentido direto.* – Estas palavras não deixam a menor dúvida de que Nestorzinho vivia o pressentimento de um encontro marcado com o destino. O acaso não existe, pois estamos

sob a tutela de Leis Sábias e Justas que comandam o nosso progresso espiritual. E, certamente, Espíritos Benfeitores já envolviam a todos, amparando-os no cumprimento de difícil provação. (Ver Determinismo e Fatalidade, *O Livro dos Espíritos,* A. Kardec, 3ª. Parte, Cap. 10; *O Consolador,* Emmanuel, Médium F. C. Xavier, FEB, Rio, Questões 132 a 139, e 146.) Mais adiante, Nestorzinho dirá: *Somente as Leis Divinas poderiam estar funcionando, porque cuidado e atenção não me faltavam.* O Sr. Nestor Macedo também teve um estranho pressentimento quando sua esposa, sogra e filhos saíram de viagem. Fora do habitual, pediu para que telefonassem assim que chegassem a Ilhabela.

8 - *Vovó Julieta* – D. Julieta da Cruz (15/12/1905 – 01/11/1979), avó materna.

9 - *Nossa Elisa* – Elisa Helena, noiva do Nestorzinho. Foi a única pessoa que não perdeu a vida física no acidente.

10 - *Nossa Sâmadar* – Sâmadar da Cruz Macedo (2/1/1961 – 1/11/1979), irmã de 18 anos, cursava o vestibular para a Faculdade de Fisioterapia.

11 - *Num lance veloz de tempo revi toda a minha vida curta de rapaz.* – Uma das etapas do processo desencarnatório é esta visão rápida descrita por ele. (Ver *O Céu e o Inferno,* Allan Kardec, 2ª Parte, Cap.

II, Mensagens de Sanson (item 7) e de Jobard; *Evolução em Dois Mundos,* Espírito André Luiz, Médiuns Francisco C. Xavier e Waldo Vieira, 1ª parte, Cap. 12, Ed. FEB, Rio/RJ.)

12 - *Ciente de que me achava em uma organização hospitalar.* – O trauma sofrido no acidente repercutiu no *seu* corpo espiritual, determinando, por algum tempo, tratamento em ambiente hospitalar.

13 - *Avô José da Cruz* – *Avô* materno, desencarnado há muitos anos.

14 - *Padre Victor* – Cônego Francisco de Paula Victor nasceu em Campanha, MG, a 12/4/1827. Ordenado padre em 1851, residiu um ano em Mariana e, a seguir, assumiu a paróquia de Três Pontas, MG, onde permaneceu até o seu falecimento, a 23/9/1905. Fundou e dirigiu o Colégio Sagrada Família, para alunos internos e externos, na época o mais conceituado da região. A cidade de Três Pontas, reconhecida ao devotado e caridoso sacerdote, reverencia a sua memória até os dias atuais. Lá encontram-se uma Praça e um Grupo Escolar com o nome "Cônego Victor"; e na sua herma, erguida nessa mesma praça, inscreveram três frases que sintetizam a obra missionária deste sacerdote: "Sua vida foi um evangelho. Sua memória, a sagração eterna de um exemplo vivo. Homenagem ao

valor e à virtude." (Devemos estas informações à gentileza do confrade João Corrêa Veiga, residente em Três Pontas, o qual nos ofertou um precioso livro biográfico do Padre Victor: ***Magnus Sacerdos,*** Prof. João de Abreu Salgado, Editado pela Gráfica Santo Antônio Ltda, Três Pontas, MG, 2ª ed., 1968.)

15 - *Já estou ciente de que o meu esforço na preparação ante a Medicina pode e deve continuar.* – No Plano Espiritual, os campos de trabalho e de estudo são muito amplos. O mundo terreno é uma pálida cópia do que existe nas esferas espirituais. Nestorzinho era estudante de Medicina.

16 - *Augusto César* – Augusto César Netto, desencarnado em 27/2/1968, é co-autor espiritual dos livros *Jovens no Além e Somos Seis;* e autor de *Falou e Disse* (todos psicografados pelo médium Francisco C. Xavier, Ed. GEEM, S. Bernardo do Campo/SP.)

17 - *Nestorzinho* – Nestor Macedo Filho, nascido a 1°/1/1958, era chamado por alguns familiares de Nestorzinho e, por outros, simplesmente Nê.

18 - Esta carta mediúnica foi divulgada, na íntegra, pelos jornais: *Diário de Notícias,* Ribeirão Preto/SP e *O Momento,* de Sertãozinho/SP, 11/5/1980.

Segunda Carta

Querido Papai, a alegria de nossa fé renascente não me permite começar esta carta sem pedir a sua bênção.

A renovação íntima como que nos transporta à vida infantil em que nos tornamos novamente crianças pelo sentimento de surpresa com que somos defrontados nas ocorrências que mais profundamente nos atingem.

Venho ao seu encontro, diante do seu anseio por notícias novas que me representem ao seu coração amigo sem qualquer traço formal. Uma carta pede o seu carinho, onde me observe qual se me visse num espelho. Eu mesmo, o seu Nê do cotidiano, a lhe falar sem aquele assombro dos primeiros contatos, nos quais procurei tranquilizá-lo. Pai amigo, a Bondade de Deus é tão grande e a vida tão ampla, que efetivamente será melhor que me faça novamente menino, para criar o clima de intercâmbio mais natural entre nós. Com isso quero dizer-lhe que não o esquecemos, que seguimos os seus passos com as nossas orações reunidas, rogando aos mensageiros do Bem sustentar-lhe as energias.

Mãezinha Vânia e a Vovó Júlia com o meu Avô José da Cruz e outros amigos conosco, sabemos todos que não é fácil sobreviver após tamanhas tribulações. Perder a companhia dos entes mais caros, subitamente, qual se uma força estranha os arrebatasse de sua convivência e de seu carinho, sem qualquer possibilidade de defendê-los... Restar quase a sós, de uma tragédia em que a família se viu afastada do lar, como se um naufrágio tragasse a nossa própria casa, num mar de circunstâncias inabordáveis... Tudo isso consideramos em lhe assinalando a coragem da fé... Graças a Deus, o seu ânimo forte se apoiou na confiança em Deus e a sua sensibilidade foi capaz de tudo tolerar sem revolta, conquanto o sofrimento lhe retalhou os escaninhos do coração...

Entretanto, Papai, em nós também a provação, embora repartida, doeu infinitamente, e as perguntas explodiram, à medida que se operava em nós a conscientização do problema. Por que deixá-lo no Plano Físico, se todos nós nos achávamos reunidos numa vida nova? Que desígnios haviam presidido a nossa separação? Se fomos sempre uma equipe unida, por que o desmembramento, qual se cons-

tituíssemos um corpo, cuja cabeça permanecia longe de nós? As nossas indagações encharcadas de lágrimas receberam, porém, as respostas justas. Amigos queridos se encarregaram do diálogo e enquanto nos refazíamos do trauma quase insuportável, os esclarecimentos nos alcançavam a mente, relacionando os assuntos para nós plenamente inesperados e novos da reencarnação. Painéis do passado foram trazidos à nossa visão e, com a generosidade de tantos instrutores, consolidamos, pouco a pouco, a certeza de que os acontecimentos da vida jazem todos interligados com as causas de que extraem a própria origem; e buscamos de nossa parte cercá-lo, mesmo à distância, com as nossas mensagens inarticuladas de esperança. Outra vida se segue à existência que conhecemos na Terra Física e todos nós, criaturas materialmente visíveis nos contextos sociais do mundo, possuímos raízes psicológicas que nos marcam de muito longe.

Pai querido, seria tão difícil para seu filho a imersão das realidades da retaguarda, a fim de explicar as agonias de presente! Seria tão amarga semelhante exumação de fatos e relatos, que será mais justo referirmo-nos às Leis de Deus que nos regem, sem qualquer propósito de anatomizar as situações. Por agora, contentemo-nos com o reencontro na periferia das experiências em que nos vimos cortados espiritualmente de um instante para o outro, e rendamos graças a Jesus por haver descoberto um caminho de reajuste, em que os nossos corações se exprimem mutuamente, regozijando-nos com a reincorporação da fé viva em nosso campo íntimo.

Estamos vivos, eis a grande verdade. Se perguntarmos a esse ou àquele grupo de criaturas por que se acham vivos, todos os componentes que o integram não conseguiriam responder com o desejável acerto. Assim também nós, neste outro lado da vida. Percebemos que forças vigorosas nos sustentam ligados uns aos outros e que ascendentes de caráter divino supervisionam a nossa aglutinação onde nos identificamos quais fomos e quais somos, mas, de imediato, não nos seria possível mergulhar o raciocínio em causas remotas para trazê-las à luz.

Reconforta-nos a convicção de que os laços afetivos não se desfazem na morte do corpo e de que o amor persiste, cimentando-nos os ideais e as preocupações no sentido de viver e sobreviver com o melhor que possamos evidenciar, ante os processos da vida inextinguível.

Sei que a mensagem de seu filho, documento estruturado em carinho e esperança, mereceu a atenção de muitos amigos. Análises se fizeram, simpósios domésticos se formaram e as interrogações deixaram em muitos as marcas da crença nos antigos ensinamentos cristãos e, em outros muitos, a dúvida renasceu serena e espessa, convidando a pensar. Realmente, as nossas palavras ganharam horizontes com os quais não contávamos. Estamos gratos a quantos se interessaram pelas notícias de um filho, imaginariamente morto, a um pai dedicado e carinhoso, que a desolação prostrava em pesada amargura. Involuntariamente, o nosso comunicado se expandiu; no entanto, amigos nossos da Vida Maior nos fazem sentir que não houve qualquer intenção propagandística de nossa parte e que as ideias suscitadas em nosso correio familiar despertaram aspirações renovadoras e inquisições construtivas em muita gente. Agradeçamos ao Senhor por tudo isso e mantenhamos a nossa certeza na imortalidade, de modo a cumprir os deveres que a Sabedoria Divina nos indi-

cou nos planos diferentes, em que ambos nos domiciliamos agora.

O irmão Juvenal e o nosso amigo Dr. Álvaro Couto prosseguem auxiliando especialmente a mim, como que me adestrando para o noticiário de que me ocupo, no anseio de reconfortá-lo.

Outros benfeitores vieram em nosso auxílio. O nosso prezado Juvenal me deu a conhecer vários colaboradores do irmão Netto Campelo, de Sertãozinho, dedicados ao socorro fraternal e até mesmo um amigo que se declarou conhecido e companheiro de nossos antepassados, o irmão Francisco Schmidt, que ofereceu préstimos valiosos de que me aproveito, afim de melhorar-me e tornar-me mais útil.

Por isso mesmo, querido Papai, ao trazer-lhe os sentimentos de amor e confiança da Mãezinha, da Vovó e dos irmãos, recordo companheiros inesquecíveis, aos quais lhe peço transmita as minhas lembranças. Não posso me alhear da amizade dos nossos colegas na Medicina, Jorge, Chúfalo, Lecínio, José Carlos e Carlos Antônio Albaceto, para os quais se me volvem os pensamentos de gratidão. Que eles prossigam para diante, sonhando com a ciência humanizada e traçando planos para o bem de tantos que sofrem em nossos núcleos de trabalho comunitário, são os meus votos.

De minha parte, não me desinteresso da intenção de cooperar na campanha antitóxicos e, embora me reconheça em outras condições de vivência, não desistirei de contribuir, logo se me faça possível, para a erradicação do problema, não censurando a essa ou aquela vítima da dificuldade a que me reporto, mas buscando libertar os irmãos doentes do hábito infeliz, como quem se dedica às árvores por amor e por amor liberando-as de parasitas que lhes destruiriam a existência. O assunto é vasto e não se harmoniza com a expressão informal destas notícias.

Envio igualmente lembranças ao Márcio, Rodrigo, ao Nélio e tantos amigos outros que prosseguem na galeria de minhas melhores recordações. O nosso Gú, por exemplo, me recomenda seja dito ao Arthur, Luizinho (Lu), ao Déco, à Paula, com muito afeto para Xandi e outros corações amigos, que deseja a todos muita felicidade e sucesso nos planos para o futuro. E a nossa querida Tata, por sua vez, lhe pede comunicar a sua afeição permanente às amigas Cecilinha, Roberta, Fernanda, Patrícia e a todas as demais que lhe partilharam a convivência. Os elos do coração não desaparecem.

A sua ligação, Papai, com os nossos amigos Renê e D.Yone me fortalecem o companheirismo com o Renezinho e juntos debatemos afetuosamente os temas da comunicação com os que ficaram no mundo físico, ao mesmo tempo que tentamos insuflar coragem e serenidade em muitos dos nossos irmãos de faixa etária que vão chegando à Espiritualidade, quase sempre sob o signo da violência ou da impetuosidade. O trabalho é imenso e ninguém realiza a sós essa ou aquela tarefa que demande o bem e o reconforto de muitos.

Como pode ver, as suas melhoras são também as nossas. À medida que o seu espírito enérgico se restaura para continuar atento ao trabalho em nosso escritório e em dia com as nossas obrigações sociais, nosso grupo aqui se refaz nas mesmas circunstâncias. Bendita seja a fé que lhe alicerçou o caráter de homem de bem.

A Mãezinha Vênia e a Vovó Julieta ou nossa querida Dona Júlia ia lhes enviam muitos beijos misturados com as preces que erguemos a Deus por sua calma e resistência tanto quanto por seu otimismo e alegria. O Gú e a Tata comigo lhe rogam a paz da sua bênção. Estamos agradecidos ao ato religioso celebrado por intenção de nosso reerguimento espiritual no marco de tempo que nos indicou os seis meses da suposta separação. Todas as preces são luzes santas, e as orações que recebemos dos amigos nessa abençoada missa de luz nos fortaleceram e revivificaram para nos recordarmos sempre de Jesus, o divino e desconhecido Mensageiro de Deus que nos legou os santos princípios do túmulo vazio, com a sua própria ressurreição.

Pai querido, que Ele, o nosso Divino Mestre, nos abençoe. Com muitas saudades entretecidas de esperanças, e com essa ligação abençoada com que a sua fé em Deus construiu essa ponte de amor em que nos reencontramos, acima das sombras que envolvem a morte, depõe um beijo de respeitoso carinho em suas mãos o filho reconhecido, sempre seu

Nê.

(Nestorzinho).

Terminada a mensagem, ouvi a voz de Nestor Filho, solicitando ao pai que transmitisse um forte abraço à sua querida Elisa, a quem acompanha em todos os seus passos e para quem tem pedido proteção e amparo aos mensageiros do plano espiritual, para que a mesma prossiga em sua caminhada terrestre com confiança e fé em nosso bondoso Deus.

a) Chico Xavier.

Notas e Identificações

19 - Carta psicografada pelo médium Francisco C. Xavier, no dia 14/5/1980, em Uberaba/MG.

20 - *Mãezinha Vânia* – D. Ivanir, sua mãe, era assim chamada na intimidade familiar.

21 - *Vovó Júlia* – D. Julieta, sua avó materna, era assim chamada pelos netos.

22 - *Os esclarecimentos nos alcançavam a mente, relacionando os assuntos para nós plenamente inesperados e novos da reencarnação.* – Somente a Lei da Reencarnação, ou das Vidas Sucessivas, elucida-nos as aparentes injustiças da vida humana. Ela permite a execução da verdadeira e sábia justiça, a Justiça Di-

vina, que visa a felicidade e o progresso espiritual de toda a Humanidade. (Ver *O Livro dos Espíritos,* 2ª parte, Cap. 4; e *O Evangelho Segundo o Espiritismo,* Cap. 4, ambos de Allan Kardec.

23 - *Painéis do passado foram trazidos à nossa visão. (...) todos nós, criaturas materialmente visíveis nos contextos sociais do mundo, possuímos raízes psicológicas que nos marcam de muito longe.* – Estamos diante de perfeito esclarecimento de um fato vinculado à Lei da Ação e Reação. (Ver *O Livro dos Espíritos,* 4ª parte, Cap. 2; e *O Evangelho Segundo o Espiritismo,* Cap. 5.

24 - *Jorge, Chúfalo, Lecínio, José Carlos e Carlos Antônio Albaceto* – ex-colegas de Nestorzinho, da Faculdade de Medicina de Mogi das Cruzes.

25 - *De minha parte, não me desinteresso da intenção de cooperar na campanha antitóxicos.* – Em face do profundo intercâmbio entre os dois mundos, material e espiritual, com os problemas *daqui* refletindo *lá,* é muito natural a preocupação de Nestorzinho por tão grave questão.

26 - *Márcio, Rodrigo, Nélio* – amigos de Nestorzinho

27 - *Gú* – apelido familiar do seu irmão Gustavo.

28 - *Arthur, Luizinho (Lu), Déco, Paula, Xandi* – amigos do Gú.

29 - *Tata* – apelido familiar da sua irmã Sâmadar.

30 - *Cecilinha, Roberta, Fernanda, Patrícia* – amigas da Tata.

31 - *Nossos amigos Renê e D.Yone* – O casal Renê e Yone Strang.

32 - Esta carta foi publicada, na íntegra, pelo jornal *Diário de Notícias,* de Ribeirão Preto, SP, 25/5/1980, em reportagem que preencheu toda uma página, ilustrada com uma foto da família Macedo.

Carta 9
A grande viagem de exímio piloto

Ivan Sérgio Athayde Vicente, filho do casal Bernardo Vicente – Maria Celeste Athayde Vicente, nasceu em Londrina, Estado do Paraná, aos 30 de março de 1957.

Inteligente e responsável, com 17 anos completou o Curso Colegial. No ano seguinte, atendendo ao seu ideal maior, ingressou no Aero Clube de sua terra natal, onde realizou o curso para piloto aviador, conseguindo de seus instrutores as melhores notas.

Prosseguindo nos estudos, concluiu o Curso Básico, sendo aprovado no exame para piloto comercial. A seguir, completou também o curso para voo por instrumentos, havendo sido aprovado e considerado apto para executá-lo com apenas 19 anos de idade, tido na época como o mais novo Comandante do país com esta capacidade técnica.

Ivan Sérgio, um moço sem vícios, dedicava-se intensamente à profissão que abraçou e à sua família. Externando constante carinho à sua mãe, sempre lhe prometia as melhores coisas deste mundo, a fim de torná-la cada vez mais feliz.

Co-pilotar um avião Pipper Navajo foi o seu primeiro emprego, que o deixava radiante de felicidade por ver que estava realizando seu grande ideal. Ao alcançar 1000 horas de voo neste tipo de avião, surgiu uma grande oportunidade na sua carreira profissional, que ele não teve dúvidas em aceitar: no novo emprego seria o comandante!

Dessa forma, para o jovem piloto tudo transcorria na maior felicidade. Porém, "seu ideal se encerraria após 19 anos, 9 meses e 9 dias vividos neste mundo", números assim anotados carinhosamente pelo seu pai.

Em 9 de dezembro de 1976, às 6 horas, ele partiu de Londrina com destino a Ourinhos, São Paulo, e a seguir Viçosa, Minas Gerais. Sendo o dia 9 uma quinta-feira, antes de sair abraçou e beijou sua mãe dizendo que voltaria, no sábado ou domingo, para completar os planos referentes às festas do Natal e Ano Novo que se aproximavam.

Mas este voo não teve regresso para o lar. Em Ourinhos, embarcou o casal, proprietário do avião, que seguia para Viçosa a fim de participar de uma festa. Na rota Ourinhos – Viçosa, nas proximidades de Pirassununga, SP, havia mau tempo com muitas nuvens baixas e chuvas fortes. Após entrar em contato, via rádio, com a torre de controle de voo de Pirassununga, Ivan Sérgio foi autorizado a baixar para sair da camada de nuvens e, ao efetuar esta operação, foi de encontro à serra que circunda Analândia, SP, havendo explosão do avião e morte instantânea de todos os seus ocupantes. Eram 9 horas, daquele dia 9, quando iniciaram a grande *viagem* para o Mais Além.

Regresso consolador

Ivan Sérgio foi sepultado em sua terra natal.

Seus pais, desconsolados, sofrendo a pesada dor da separação de um filho muito amado, procuraram e, de fato, encontraram lenitivo, orientação e paz com a leitura de livros espíritas.

A respeito desse período crítico da família, o Sr. Bernardo Vicente, residente em Londrina, contou-nos, em atenciosa carta de 9 de setembro de 1980, o seguinte:

"O médium Chico Xavier tornou-se nosso conhecido através da leitura de vários livros da Doutrina Espírita, por ele psicografados, que apresentam mensagens de jovens desencarnados. Veio daí o compreensível desejo de tudo tentar para também receber, por seu intermédio, uma comunicação de nosso filho. Comunicação essa que recebemos na nossa sétima visita ao querido médium de Uberaba, na reunião pública de 28 de julho de 1979.

Temos certeza de que outros corações, que tanto necessitam de auxílio vindo do Plano Superior, muito se beneficiarão com o que consta do seu texto. Por tudo de útil e elucidativo que a mensagem do nosso inesquecível filho contém, não poderíamos deixar de divulgá-la. A sua repercussão junto à família e amigos mais chegados foi a mais positiva do que se poderia almejar."

Meu caro papai, querida mãezinha, meu prezado Júlio César, querida Vanessa.

Isso já está parecendo uma carta oficial. Mas é o anseio de me fazer sentido pelos familiares inesquecíveis. Não posso, em razão disso, esquecer a tradição. O espírito de casa é uma luz que não deve ser posta à margem. Peço aos queridos pais me abençoem. Estou lembrando a nossa Walkyria para integrar a equipe e coloco-a nas lembranças do coração.

Mamãe, estou percebendo. As requisições em forma de preces são tantas que seria ingratidão de seu filho não responder, pelo menos, como posso.

Não é fácil a transmissão. Em princípio, desejávamos que a visita fosse na base do som e imagem, como se faz presentemente na Terra, em termos de televisão. Entretanto, já calculei todas as maneiras de tornar evidente a comunicação entre nós, mas é difícil falar de situações e pessoas, cousas e detalhes que se expressam de modo tão diverso das nossas maneiras do mundo, que não dispomos de referências analógicas ideais para exprimir-se com segurança. Ainda assim, peço aos Mensageiros do Bem para que me façam reconhecível.

Desejo pedir à família, especialmente ao papai, me auxiliarem aí com a aceitação do problema que estabeleci em casa, involuntariamente. Creiam que, ao iniciar a viagem para servir aos amigos que pretendiam alcançar Minas, estava pensando em Natal. Mentalizava a nossa alegria doméstica, a reunião feliz de sempre. O tempo, no entanto, estava contra. Tempo de chuva, com a famosa cerração enganando os mais experimentados viajantes do ar. Fizemos o possível para que o dever fosse cumprido, mas o resultado não foi o previsto.

Painel tranquilo e segurança total. Um leve movimento da máquina e o choque apareceu, inevitável. Duvido que alguém, por mais informado, nas condições em que nos achávamos, consiga historiar nas palavras do mundo a ocorrência de que fomos vítimas.

Não creio que o fenômeno possa ser anatomizado com todos os rigores da técnica, até mesmo em nos reportando às caixas de informação nos instantes mais graves. Em mim o acontecimento adquiriu as proporções de uma bomba que me alcançasse, arrasando-nos.

Experimentei por dentro de mim aquela ansiedade de socorrer os viajores amigos, ou melhor, os companheiros que me faziam presença, mas nem de muito leve, consegui atuar com o meu intento. A sensação de desmaio, de estranha fuga de mim próprio, me fazia tombar sem qualquer iniciativa. Creio que benfeitores nos aguardavam na paisagem, à maneira de amigos, em ambulâncias nos aeroportos, quando o perigo se faz mais grave; no entanto, isso é raciocínio que somente acolhi depois de acordar devidamente hospitalizado num pronto-socorro da Vida Espiritual. Aquele despertar se fazia diferente. Tive a ideia de rever toda a minha existência, como num sonho que estivesse vivendo acordado, até que as minhas lembranças se condensaram na rememoração do acidente que me transtornava a cabeça.

Interpelei médicos e enfermeiros sobre o que me acontecia, recebendo convites à calma, até que o vovô Vicente e a querida Vó Maria, avós de meus avós, me cercassem de carinho, advertindo-me quanto à minha nova situação. O espanto em mim rebentou em lágrimas e os conflitos comigo mesmo se intensificaram por muito tempo.

Sentia-me telepaticamente ligado à nossa casa e sofria com a tristeza que passara a comandar-lhes a vida. O começo por aqui foi muito laborioso para mim, para não dizer aflitivo, por quando o desejo me inclinava ao regresso, a cada momento. Aceitar as transformações violentas deve ser obrigação na agenda dos Santos, porque reconheci que para nós, em família, era quase impossível admitir aquilo que para mim significava insucesso. Os dias, porém, foram passando à feição de sedativos sobre as nossas feridas da alma e hoje consigo pedir-lhes conformação. O filho e irmão que intimamente se preparava para longo futuro na Terra, com tantos castelos de sonhos na cabeça, devia terminar a jornada humana como a finalizou.

Existem desígnios que simplesmente su-

pomos imaginar quais sejam, e em cuja estrutura essencial não penetramos. Meu tempo era aquele e não outro. O modo do voltar à Vida Espiritual estava traçado na máquina, e não em outro lugar.

Não é que se deva render homenagem ao fatalismo. Ninguém aparece no plano físico, portando uma ficha de apontamentos fixos. Há previsões e essas previsões são naturalmente alteráveis. Conformemo-nos em saber que meu caso era um assunto particular e rendamo-nos à fé em Deus.

Pai amigo, peço-lhe coragem para a continuidade da luta. Meu avô lhe pede considerar que o seu nome também é de um Bernardo que não pode e nem deve esmorecer.

Estou em outras dimensões, mas não vivo ausente de todo. Pensemos em outros companheiros que atravessaram faixas de provação mais aflitivas do que as nossas.

É verdade que não encontramos aí no mundo nenhuma escola de preparação para a morte, seja para os que partem ou seja para os que ficam; no entanto, as casas de fé religiosa fornecem excelentes sinais para que o sinal amarelo da expectativa consiga sustar em nós qualquer precipitação em crises graves. Continuemos em nosso treinamento de compreensão. E quanto pudermos, aditemos o auxílio aos outros, por recursos de maior adiantamento nesse esforço para a aquisição de entendimento da vida, que não está limitada aos dias estreitos de um corpo no mundo e do mundo.

Não estou sem saudades, também sofro. Entretanto, reconheço que existem leis sobre nós regendo-nos a vida com os movimentos que a caracterizam. Que a fé em Deus nos fortaleça para sabermos reter a esperança e conservá-la.

Continuo em refazimento de minhas novas faculdades. Dos companheiros de viagem nada sei, senão que foram igualmente socorridos e que devo reencontrá-los no momento oportuno. Procuro pacificar a mim próprio e estou aguardando. Sinto-me reconfortado ao escrever-lhes. Muitos amigos me auxiliam. Encontrei, além da querida Vó Maria, a bondade da Irmã Ana. Identificá-la com pormenores ainda não consegui; terá ela razões para fazer-se conhecida unicamente assim.

E sob o favor de muitos, vou melhorando. Rogo-lhes, mais uma vez, paciência e esperança. Mamãe, auxilie-me com a sua força de confiança; e querido papai, auxilie-me com os seus exemplos de fortaleza e compreensão. Lembrem-se das irmãs e do nosso querido Júlio César, que precisam tanto da proteção de ambos, qual acontece a mim mesmo.

Agradeça, Mamãe, por mim, à nossa irmã Priscila, que se esforçou tanto para que eu viesse, mobilizando o próprio filho Lauro e os amigos dele para que eu pudesse chegar até aqui neste balcão afetivo, em forma de mesa para confabular com a família querida.

Estou quase feliz, se não fossem as saudades agravadas a embate com o realismo da minha presente situação. Não é queixa. Estou fortalecido. Quero apenas dizer que por aqui continuamos seres humanos, com suor e lágrimas, para comprar o progresso e a felicidade que aspiramos a encontrar.

Envolvo a todos da família num abraço de muito carinho e rogo aos pais queridos receberem o coração agradecido e esperançoso do filho, a quem Deus conservará a alegria de continuar a ser para ambos um companheiro e um amigo de todas as horas, a interligar-se com os dois, constantemente, de coração para coração.

IVAN SÉRGIO.

NOTAS E IDENTIFICAÇÕES

1 - *Prezado Júlio César, querida Vanessa* – Irmãos presentes à reunião.

2 - *Estou lembrando a nossa Walkyria* – Irmã. O seu pai chamou-nos a atenção para o fato de que este nome foi escrito como consta na Certidão de Nascimento, dificilmente redigido corretamente.

3 - *Mamãe, estou percebendo. As requisições em forma de preces sio tantas que seria ingratidão de seu filho não responder.* – Ele testemunha a D. Maria Celeste sua sintonia com as fervorosas orações do coração materno, que abriram caminho para o correio mediúnico.

4 - *Não é fácil a transmissão. (... não dispomos de referências analógicas ideais para exprimir-nos com segurança.* – A comunicação mediúnica, clara e nítida, não é de simples realização em nosso planeta, ainda de provas e expiações. Ela só será facilitada, com real proveito para todos, com a nossa evolução espiritual. O mediunismo é pouco estudado e conhecido, ignorância que nos leva a exigir muito dos médiuns, quando não os ferimos com dura incompreensão.

5 - *Estava pensando em Natal* – Os planos das

próximas festas natalinas foi um dos últimos assuntos comentados com sua progenitora.

6 - *Creio que benfeitores nos aguardavam na paisagem, à maneira de amigos em ambulâncias nos aeroportos, quando o perigo se faz mais grave (...) depois de acordar devidamente hospitalizado num pronto-socorro da Vida Espiritual.* – É muito consolador e elucidativo saber que a vida se desdobra no Outro Lado da Vida com recursos assistenciais semelhantes aos do nosso mundo material, mas muito mais aperfeiçoados. Na literatura espírita vários livros abordam, com detalhes, os meios e as técnicas de auxilio espiritual a encarnados e desencarnados, principalmente os da série "André Luiz" (psicografados por Francisco C. Xavier, alguns em parceria com Waldo Vieira).

7 - *Tive a ideia de rever toda a minha existência, como num sonho que estivesse vivendo acordado* – Informações espirituais numerosas confirmam essa habitual etapa do processo desencarnatório.

8 - *Vovô Vicente e a querida Vó Maria, avós de meus avós* – Bernardo Vicente, bisavô paterno e Maria Emília Lisboa, tetravó materna, desencarnados respectivamente em 31/12/1946 e 8/5/1910. Em sua carta, já referida, o pai de Ivan Sérgio contou-nos que estas citações muito surpreenderam a família, pois em nenhuma das visitas ao médium Xavier fize-

ram referência aos mesmos, enfatizando: "na época, tanto no Paraná como em Uberaba, nunca passaram pelos nossos pensamentos os nomes desses queridos familiares."

9 - *Sentia-me telepaticamente ligado à nossa casa e sofria com a tristeza que passara a comandar-lhes a vida.* – Esta ligação mental, alicerçada nas leis de afinidade espiritual, é um fato constantemente confirmado pelos Espíritos. A aflitiva experiência do jovem piloto constitui um importante ensinamento para todos nós.

10 - *O filho e irmão (...) devia terminar a jornada humana como a finalizou. (...) Não é que se deva render homenagem ao fatalismo. (...) Reconheço que existem leis sobre nós, regendo-nos a vida.* – Quando Ivan Sérgio redigiu essa carta, já estava bem informado do seu programa evolutivo, traçado para cada um de nós pelos Sábios Benfeitores, programa que respeita as Leis de Causa e Efeito e o nosso livre-arbítrio. Assim, evoluímos nos dois planos da vida: material e espiritual, impulsionados pela nossa própria vontade, sob as determinações justas e misericordiosas do Criador.

11 - É *verdade que não encontramos aí no mundo nenhuma escola de preparação para a morte (...) no entanto, as casas de fé religiosa fornecem excelentes sinais.* – Em sua carta de 9/9/1980, o sr. Bernardo Vicente assim co-

mentou este trecho da mensagem mediúnica: "Dialogando com D. Priscilla Basile, poucas horas antes de meu filho escrever a mensagem, comentamos sobre a falta de orientação (em termos educacionais) para o que de mais natural e certo nos espera: a morte física. E ficamos muito surpreendidos com a abordagem desse mesmo tema pelo Ivan Sérgio, provando-nos que escutou nosso diálogo."

12 - *Irmã Ana* – Desconhecida da família.

13 - *Agradeça, mamãe, por mim, à nossa irmã Priscilla, que se esforçou tanto para que eu viesse, mobilizando o próprio filho Lauro e os amigos dele.* – O jovem Lauro Basile Filho, mais conhecido por Laurinho, desencarnado em 12/12/1976, tem enviado pelo lápis de Chico Xavier cartas a sua mãe, D. Priscilla P. S. Basile, residente em Casa Branca, SP. Estas cartas, até o momento, já deram origem a dois livros: *Gaveta de Esperança e Presença de Laurinho.* Com a leitura deste último, os pais de Ivan Sérgio interessaram-se em conhecer a autora do mesmo, D. Priscilla, com quem, desde o primeiro contato, em Uberaba, teceram laços de profunda amizade.

Carta 10

Filho retorna ao chamado da oração

Vitimado em acidente automobilístico, faleceu em Barretos, SP, a 6 de janeiro de 1979, o jovem Klecius da Cunha Rodrigues, deixando seus pais desconsolados. Filho de Aníbal Rodrigues e Ruth da Cunha Rodrigues, Klecinho – assim carinhosamente chamado na intimidade – estava com apenas 23 anos.

Porém, dez meses depois, mais exatamente a 2 de novembro, ele voltaria a manter um contato afetuoso com seus pais, através da via mediúnica, dando provas indiscutíveis da imortalidade da alma. Mesmo sem o veículo físico, o seu amor ainda resplendia, com mais força, vencendo barreiras e iluminando os corações de seus entes queridos...

A carta de Klecinho, endereçada aos seus pais, foi psicografada por Chico Xavier em reunião pública do Grupo Espírita da Prece, em Uberaba, Minas.

"A carta trouxe-nos a certeza da vida no Além"

Os progenitores de Klecinho, muito felizes com a missiva do filho inesquecível, providenciaram a sua divulgação num impresso bem confeccionado, que nos chegou às mãos. Através de amigos, localizamos o endereço da família, residente em Barretos, e graças à gentileza e boa vontade do Sr. Aníbal, podemos agora apresentar ao leitor a seguinte entrevista feita com ele, por carta:

1 - Sr. Aníbal, como e onde foi o acidente?

1 - O acidente deu-se na estrada Barretos-Guaíra, no ínicio da madrugada, quando meu filho, acompanhado de seu amigo Luiz Benedito (Ditinho), se dirigiam a Guaíra para participarem de um baile de formatura. O Volkswagen dirigido por Klecius chocou-se com um Opala, também de Barretos, com sete pessoas. Apenas meu filho faleceu e as causas do acidente não foram bem esclarecidas.

2 - Como conheceram o médium?

2 - O nosso conhecimento junto ao médium Chico Xavier deu-se em razão da busca de conforto espiritual e, acima de tudo, pelo desejo de obtermos notícias do nosso pranteado filho Klecius. Estivemos por cinco vezes em

Uberaba, entrando em contato direto com Chico por três vezes, até a chegada da mensagem psicografada, que nos trouxe alento, paz e, o mais importante, a certeza da vida no Além.

3 - O médium deu-lhes alguma informação do Plano Espiritual, antes do recebimento da carta?

3 - Em nosso encontro com Xavier, na tarde de 2 de novembro de 1979, algumas horas antes da psicografia da carta, ele perguntou-me quem era *Maria Rodrigues,* tendo-lhe respondido que se tratava de minha avó, falecida em Portugal, há muitos anos. Disse-me ele que ela ali se encontrava, em espírito, dizendo que Klecius já estava integrado na vida espiritual. A seguir, Chico perguntou-me se eu conheci alguém de nome *Werneck,* tendo-lhe respondido afirmativamente, pois fomos amigos em Bebedouro. Mantendo o diálogo, informou-me o médium que também ele ali se encontrava, em espírito, confirmando a mesma notícia de meu filho. Agradeci e expliquei ao Chico que Oscar Werneck, falecido há muitos anos, foi presidente da Companhia de Estrada de Ferro São Paulo-Goiás.

Ao entrevistar-se com minha esposa, o médium perguntou-lhe se ela se recordava de seus parentes *José e Ana Cunha,* ali presentes, em espírito. Ruth, minha esposa, respondeu afirmativamente, lembrando-se de seus primos. Eles residiam em Jundiaí, SP, sendo que José morreu em acidente ferroviário, em data que não mais recordamos; e Ana, em 24 de agosto de 1954.

4 - Em suas palavras finais, o amigo gostaria de prestar mais algum esclarecimento?

4 - Acredito ser necessário esclarecer um trecho da mensagem de Klecius, que chama a atenção, logo de início. É o seguinte: "Estou presente ao chamado da oração, com que se transformaram numa corrente de amor, buscando-me para falar-lhes." Ora, ao chegarmos a Uberaba, a 2 de novembro de 1979, minha esposa, em reunião comigo, meus filhos Kleber e Kledson, minha nora Maria Cristina e com Maritza, namorada de Klecius, conclamou-nos a fazer "uma corrente de orações", pedindo permissão ao Alto para que nosso filho desencarnado pudesse comunicar-se pelo médium Chico Xavier, naquela noite.

Podemos – aqui incluindo minha família – hoje dizer, embora saudosos do nosso querido Klecinho, que estamos convictos de sua integração e felicidade no Plano Espiritual, igualmente certos de que um dia estaremos todos juntos, sob as bênçãos de Deus.

Querido papai Aníbal e querida mãezinha, abençoem-me.

Estou presente, ao chamado da oração,

com que se transformaram numa corrente de amor, buscando-me para falar-lhes.

O golpe foi grave demais e creiam que quando o choque se verificou eu não tive a menor ideia de sofrimento.

Senti um desejo enorme de falar, que uma sensação de esmorecimento abafava. E nessa sonolência caí numa espécie de letargia em que passei a sonhar com as realidades que estavam acontecendo.

Quanto tempo gastei nisso eu não sei.

Lembro-me somente de que, ao retornar ao meu próprio discernimento, não mais me achava na estrada de Guaíra e sim num leito amplo em que me acreditei internado para tratamento de qualquer estrago havido no corpo. O meu avô Augusto Cândido e outros amigos começaram a conversar comigo de leve. Tantas diferenças, porém, registrei ao primeiro relance de olhos pelo ambiente, que não tive dúvidas, não mais me achava em nosso doce convívio.

O coração apertou, como se uma dor aguda me fulminasse devagarinho, mas tive a assistência de abnegados companheiros que não mais me conservaram distante da verdade.

O Dr. Urbano e Dr. Paraízo Cavalcante, de Barretos e Bebedouro, me prestaram emocionante apoio e, aos poucos, me recupero, a ponto de já conseguir escrever-lhes como desejava.

Tenho muitas saudades para oferecer à querida Maritza e aos meus irmãos Kledson e Kleber, pedindo a eles me auxiliarem com o suporte de pensamentos positivos, que me tranquilizem aqui.

Rogo à Maritza perdão se a deixei com tantas promessas não cumpridas. Não sei o que dizer nesta hora. Sei que o meu amor por você, querida Maritza, não diminuiu de extensão e tamanho, e que se pudesse regressar ao corpo físico, seria meu desejo de imediato nos unirmos para toda a vida; entretanto, já observei bastante para compreender a minha necessidade de desprendimento.

Compreendo que de ora em diante devo amar a você como se adora uma criança querida, para quem nos achamos no dever de auxiliar com a necessária proteção ou querer a você qual se me visse à frente de uma flor de Deus, criada pela sabedoria divina para brilhar em outros recantos diferentes daqueles que passaram a ser minha escola e moradia, mas, mesmo assim, posso continuar a segui-la em pensamento, rogando a Deus pela sua felicidade. Por agora, os nossos impulsos estão entranhados um no outro, mas você me auxiliará com as suas preces, não para que a esqueça, porque isso é impossível, mas para que eu compreenda a obrigação de transformá-la em minhas lembranças por irmã e companheira do coração.

Não pense em desânimo e tristeza; Deus me abençoará para que seja esperança em seus sonhos de menina e moça, e para que eu colabore com o seu esforço a fim de que nos amparemos um ao outro, nestas horas de sublimação. Tantas vezes nos unimos para vivermos juntos; entretanto, presentemente, é necessário nos unamos em oração para continuarmos juntos, sem o imperativo da posse. Conseguiremos isso, enfim.

Deus me concederá pulso firme e saberei cooperar a fim de que o futuro nos traga um companheiro digno de você, para fazer-nos felizes.

E me incluo nessa aliança, porque a sua alegria continua sendo aquela que sou capaz de sentir.

Sempre que possível, conviva com a Mãezinha Ruth e com todos que deixei para você. Você é parcela de nossa família e não nos separemos; e o tempo nos dirá que a Bondade de Deus nunca nos abandona.

Quem escreve qual eu faço de uma vida para outra, tem um mundo de ideias e notícias para transmitir; entretanto, a verdade é que o tempo é o mesmo para os nossos entes queridos que ficaram e não nos é lícito abusar.

Quero dizer ao papai e aos meus irmãos que o Benedito é sempre um amigo correto e sincero a quem devo muita bondade.

O resto é saudade, mas saudade não deve ser regada de pranto, ainda mesmo quando nasça das profundezas de nossa alma; saudade para nós deve ser fé nova em Deus e confiança em nós mesmos para conquistas de tempos novos.

Com essa saudade gravo aqui as minhas palavras finais desta carta.

Pai querido e querida mãezinha, irmãos de quem não me esqueço e querida Maritza, com todos os corações queridos que palpitam por dentro de minha amizade e de minha gratidão, recebam o meu abraço. E com o meu abraço fica a minha oração, pedindo a Deus nos mantenha reunidos na paz e na felicidade de sempre.

Muito amor e reconhecimento do

KLECIUS.

NOTAS E IDENTIFICAÇÕES

1 - *O meu avô Augusto Cândido* – Avô materno, falecido em Bebedouro, SP, a 6/9/1946.

2 - *Dr. Urbano* – Dr. Urbano de Brito, médico, não íntimo da família. Faleceu em Barretos, SP, a 31/12/1947.

3 - *Dr. Paraízo Cavalcante* – Dr. Francisco Duarte Paraízo Cavalcante, médico conhecido da família, residia em Bebedouro, onde desencarnou em 21/11/1954.

4 - *Maritza* – namorada de Klecius, por quem nutria um grande amor.

5 - *Kledson e Kleber* – irmãos de Klecius.

6 - *Tantas vezes nos unimos para vivermos juntos* – Aqui ele faz uma clara referência a existências ante-

riores, quando, em passado longínquo, os namorados do presente se uniram pelos laços do matrimônio. Assim, à luz da reencarnação, é fácil entender o porquê das grandes afeições, muitas vezes afloradas em período curto de convivência, pois foram cultivadas e, naturalmente, aprimoradas, ao longo do tempo, em vidas sucessivas.

7 - *Benedito* – Luiz Benedito Batista Prado, amigo de Klecius, encontrava-se no carro acidentado, do qual saiu ileso.

8 - *Klecius* – Klecius da Cunha Rodrigues nasceu em Bebedouro, SP, a 21/1/1956. Dotado de uma personalidade bondosa e alegre, deixou um grande círculo de amigos, principalmente em Barretos, SP, onde mais viveu.

Carta 11
Breve regresso de ilustre cientista

Apenas um mês após a desencarnação de seu querido filho, D. Líbia Amante, residente na Capital paulista, teve a felicidade de receber suas notícias escritas, que muito confortaram toda a família.

A carta de autoria do Dr. Elpídio Amante, falecido a 12 de maio de 1978, foi recebida pela médium psicógrafa do Centro Espírita Evangélico, em São Paulo, a 11 de junho do mesmo ano.

Transcorridos mais alguns meses, numa viagem a Uberaba, D. Líbia conheceu pessoalmente Chico Xavier, em sua própria residência, numa reunião íntima com pequeno grupo de pessoas. Nessa ocasião, 26 de outubro, numa quinta-feira à noite, ela chegou em cima da hora do início dos trabalhos, não tendo oportunidade de nada dizer ao médium. Conforme orientação recebida da amiga D. Yolanda César, na reunião pública do dia seguinte é que iria pedir notícias de seu inesquecível filho.

Mas, ao final daquela pequena reunião, profundamente emocionada e surpreendida, D. Líbia ouviu a leitura de longa carta do Dr. Elpídio a ela dirigida, que Chico acabava de psicografar. Palavras de muito amor, lembranças da intimidade mãe-filho, provas indiscutíveis de sua participação (em Espírito) na vida familiar, citações inesperadas... conforme veremos no Capítulo seguinte.

***

Dr. Elpídio Amante (17/8/1933 – 12/5/1978), nascido em São Paulo, SP, diplomou-se engenheiro-agrônomo e, com incansável dedicação à pesquisa, tornou-se um renomado cientista.

Tendo em mãos o seu *curriculum vitae* (até 1974), gentilmente ofertado pela sua genitora, pudemos aquilatar, com admiração, o seu fecundo trabalho à frente da Seção de Entomologia Geral do famoso Instituto Biológico de São Paulo, como Pesquisador Científico Chefe até os seus últimos dias de vida terrena.

De seu extenso *curriculum* destacaremos: 1. Participação em numerosos Certames e Congressos Científicos com apresentação de trabalhos; 2. Presença em Comissões Técnicas Científicas; 3. Participação em aulas, seminários, debates e palestras; 4. Publicação de 77 trabalhos científicos.

As suas importantes pesquisas sobre a formiga saúva foram divulgadas também ao público, quando por várias vezes foi convidado a comparecer em programas de televisão. A Revista *Manchete* (Rio, nº 963, 3/10/1970) publicou longa e ilustrada reportagem intitulada: "A guerra das formigas", fundamentando-se numa entrevista com ele. Dessa reportagem transcreveremos os seguintes tópicos: "Em 10 formigueiros moram 100 milhões de saúvas que consomem a mesma quantidade de capim de um boi. O engenheiro-agrônomo paulista Elpídio Amante, de 37 anos, estudando há 12 anos o misterioso mundo das formigas, desenvolveu um incrível jogo de paciência para dar números reais à obra destruidora desses insetos. Ele concluiu que apesar de todo o progresso técnico atual, as saúvas continuam sendo o inimigo número um da agricultura brasileira. (...) no paciente trabalho de pesquisa que o elevou à condição de maior especialista mundial na matéria. (...) Desenvolvendo um trabalho científico baseado principalmente na paciência, que a microscópica observação da vida das formigas exige, minuto a minuto, ele conseguiu reproduzir formigueiros artificiais a fim de estudar integralmente as saúvas. Sob sua orientação, o

Instituto Biológico realiza pesquisas pioneiras em fazendas do interior para estudar a bioecologia das formigas."

Finalizando esta breve nota biográfica, reproduziremos a manifestação do jornal *A Semana* (Paraguaçu Paulista, SP, nº 1498, 14/5/1978) inserida com destaque em sua 1ª página:

"Morreu o cientista Dr. Elpídio Amante

Causou profunda consternação em nossa cidade, principalmente entre os alunos, professores e funcionários da nossa Escola Superior de Agronomia, a notícia do falecimento, em São Paulo, do Dr. Elpídio Amante.

Com 44 anos de idade, era casado com a Sra. Diva Grassman Amante, e filho do Sr. João Amante e da Sra. Líbia Castellani Amante.

Dr. Elpídio era diplomado Engenheiro-Agrônomo pela Escola Superior de Agricultura da Universidade Federal de Viçosa, Estado de Minas Gerais. (...) Realizou viagens de cunho científico ao Paraguai, Venezuela, Estados Unidos da América e a vários Estados brasileiros.

Em 1972, para obtenção do título de Doutor em Agronomia, apresentou a tese: 'Influência de alguns fatores microclimáticos sobre a formiga saúva *Atta laevigata* (F. Smith, 1858), *Atta sexdens rubropilosa* Forel, 1908, *Atta bisphaerica* Forel, 1908, e *Atta capiguara* Gonçalves, 1944

(Hymenoptera, Formicidae), em formigueiros localizados no Estado de São Paulo', à Escola Superior de Agricultura 'Luiz de Queiroz' da Universidade de São Paulo, em Piracicaba.

Na nossa Escola Superior de Agronomia de Paraguaçu Paulista, o Dr. Elpídio Amante deu a aula inaugural na sua instalação e era conhecidíssimo pelas pesquisas que aqui realizou e pela colaboração que sempre procurou prestar.

Tão logo a notícia de seu falecimento chegou à nossa cidade, o Diretor da Escola Superior de Agronomia, Dr. Aracynio T. Araújo, suspendeu as aulas em homenagem póstuma ao ilustre cientista brasileiro."

Querida mãezinha, peço a sua bênção de paz, tanto quanto peço a Deus nos ampare a todos.

Sinto-me por demais sensibilizado, em comandando o lápis com auxílio de amigos de minha vida nova, a fim de trazer alguma notícia que me retrate a saudade e o carinho, a lembrança e a gratidão.

Um empecilho grande me inibe os movimentos mais íntimos. A palavra escrita ou falada, num momento deste, é recurso claramente inexpressivo para arrancarmos do coração o que o sentimento procura inutilmente dizer.

Compreendo, já estivemos juntos em outros círculos de prece e cheguei mesmo ao grande tentame: escrever-lhes tanto quanto desejava.

Consegui, em parte, a realização de meu intento, mas agora, mãezinha, busco aprofundar-me no relatório afetivo de modo a contar-lhe que seu filho vai passando bem.

Entendo hoje que a morte é um transplante da alma. Somos despojados do clima e das condições em que vivemos, qual acontece com as árvores adultas.

Quem asseverará que as árvores não sofram quando transferidas de lugar? A princípio emurchecem, como que desvitalizadas e enfermas. Somente a pouco e pouco se revigoram, ganhando energias para o novo ambiente a que se devam adaptar. Isso é o que nos ocorre, por aqui. Pelo menos, quanto a mim, o símile é completo.

Estou bem; no entanto, esse "estou bem" quer dizer: prossigo lutando para afazer-me aos novos modos de vivência a que fui trazi-

do, quando no imo do próprio ser desejaria ter permanecido mais tempo nas experiências que o Senhor me concedeu.

Reconheci, sem qualquer dúvida, que aqueles primeiros dias de maio eram momentos de preparo a fim de passar pelo despojamento da desencarnação. Ignoro se o seu carinho recorda que me preocupava em aguardar o Dia das Mães, no firme propósito de presenteá-la, extensivamente à nossa querida Diva com algo que me significasse o amor imenso. Entretanto, o depauperamento intensivo de minhas forças não me permitiu atingir a data mencionada. Fica neste tópico de minhas notícias o registro de minha intenção. Não falo nisso melancolicamente e sim com esperanças que me renovam todas as forças.

Peço, mãezinha, dizer à nossa Diva de minha ternura e gratidão por todas as demonstrações de apoio que a abnegação dela me proporcionou. A desencarnação não é o fim. Estamos vivos de outro modo, além da veste física deteriorada. Como definir o processo da sobrevivência num corpo que é o nosso veículo real, mesmo no tempo da existência física, por agora não sei elucidar.

Perdoe-me as divagações que não são inúteis.

Se perguntássemos a uma laranjeira pelos meios, através dos quais terá ela renascido de golpes que a deixaram desnuda antes de seu reavivamento, creio que o vegetal não saberia explicar-se, conquanto prosseguisse da mesma forma, reabastecendo-se na seiva da própria vida e produzindo os frutos que as Leis Divinas lhes esperam da presença. Assim somos nós na paisagem em que atualmente me vejo.

Existirão mansões, de sabedoria e de amor, em outras esferas, em tamanho nível de elevação que professores benevolentes e sábios terão ideias superiores e cristalinas a respeito de minhas indagações. Digo, porém, que no campo de revivescência em que nos achamos, sabemos tanto como se morre, como na Terra sabemos como se nasce. Isso, entretanto, não nos retira sentimento algum e somos os mesmos tais quais éramos no Plano Físico, procurando realizar-nos em outras faixas de autoconhecimento e melhoria espiritual.

Estou agradecido por suas preces e por seus brindes de ternura, nas flores e nas santas palavras com que me recorda à Diva, à Neide e ao Paulo por tudo de bom que me ofertam. Naturalmente que neste apontamento não posso desligar o meu pai, cuja dor é também oração em meu benefício, e , mãe querida, compreendo agora que todos aqueles que se mostram incapazes de assimilar as realidades do espírito sofrem talvez mais do que as almas sensíveis que já conseguem aninhar a fé nos próprios corações. Meu pai ainda chora demasiado e respeito-lhe o sofrimento.

Meu avô Severino e outros amigos me assistiram com extremada benevolência nas primeiras horas de meu novo modo de ser. Encontrei criaturas de coração admirável que me prestaram generoso amparo. O irmão Bruschi e o irmão Foco, creio que Francisco Foco, de Paraguaçu, me abençoaram com muito apoio. Companheiros de Viçosa e Piracicaba compareceram junto a mim, estendendo-me concurso fraterno. E um grande amigo das formigas, que na Terra foi o venerável Batuíra, me ajudou valorosamente, estabelecendo recursos de socorro em meu benefício que me surpreenderam vivamente.

E a vida prossegue, entendendo, de minha parte, o valor crescente dos tesouros consi-

derados pequeninos no mundo. Penso que muito em breve conseguirei retomar meus estudos junto de amigos vinculados à obra benemérita do nosso companheiro e protetor Luiz de Queiroz.

Rogo a sustentação do seu otimismo e de sua coragem de vez que, por fios invisíveis de energia que não sei definir, o coração das mães possui profunda influência sobre os filhos, mesmo quando os filhos já se encontrem domiciliados aqui. Auxilie-me, querida mãezinha, e recorde que sinto em sua dedicação o substitutivo de minha pobre presença junto à nossa Diva e de nosso Paulo. Nossa Neide igualmente exige muito ainda de seu devotamento e confiarei na sua fé.

Os assuntos entre as duas vidas são realmente fascinantes na região fronteiriça em que nos achamos nesta noite; entretanto, é necessário dosear o noticiário para que venhamos a prevenir qualquer inquietação que, em nosso caso, sombolizaria o alimento em excesso quando administrado sem qualquer consideração de aproveitamento.

Paro aqui, ansiando continuar e anseio continuar reconhecendo que a pausa é imprescindível.

Agradeço a todos os corações fraternos que se reúnem aqui conosco possibilitando-me a grafia desta carta; gratidão é dever e, por isto mesmo elevo os meus pensamentos ao Criador, a Ele rogando a remuneração de paz e alegria em favor de todos.

A benfeitora Líbia, que tem seu querido nome, deixa-lhe muito carinho e de minha parte endereço a todos os nossos o agradecimento afetuoso de todos os dias, entregando, no entanto, ao seu carinho materno todo o coração reconhecido de seu filho, sempre seu filho e companheiro de todos os momentos,

ELPÍDIO AMANTE.

NOTAS E IDENTIFICAÇÕES

1 - *aqueles primeiros dias de maio eram momentos de preparo a fim de passar pelo despojamento da desencarnação.* – Ele foi operado de um tumor, já generalizado, em 30/3/1978, permanecendo acamado, com piora lenta e progressiva, até o dia 12/5 próximo, data de seu falecimento.

2 - *Ignoro se o seu carinho recorda que me preocupava em aguardar o Dia das Mães* – No primeiro domingo de

maio de 1978, dia 7, ele demonstrou sutilmente, à sua mãe, dúvidas com respeito à data certa do Dia das Mães, mas veio a desencarnar na antevéspera dessa comemoração.

3 - *A desencarnação não é o fim.* – Seus familiares, especialmente sua mãe, espírita, não estranharam a palavra *desencarnação*, pois Dr. Elpídio era um estudioso do Espiritismo. Ainda jovem, entusiasmou-se com o lançamento do livro *A Grande Síntese* (recebido mediunicamente por Pietro Ubaldi) – "o Evangelho da Ciência", na afirmativa de Emmanuel.

4 - *Como definir o processo da sobrevivência num corpo que é o nosso veículo real, mesmo no tempo da existência física, por agora, não sei elucidar.* – O veículo real aqui referido é o chamado perispírito ou corpo espiritual. (Ver *O Livro dos Espíritos*, A. Kardec, Questões 93 a 95; *e Evolução em Dois Mundos,* André Luiz, *médiuns F.C. Xavier e W.Vieira, Cap. II, 1ª Parte, FEB.)*

5 - *Neide* – Srta. Neide Amante, irmã.

6 - *Paulo* – Paulo Grassman Amante, filho.

7 - *Avô Severino* – Severino Castellani, italiano, faleceu em nosso país aos 20/10/1966, com 94 anos. Agricultor, "era um apaixonado pelo Brasil e pelas plantas."

8 - *O irmão Bruschi e o irmão Foco, creio que Fran-*

cisco Foco, de Paraguaçu, me abençoaram com muito apoio. – Em entrevista, D. Líbia disse-nos desconhecer tais entidades. Posteriormente, comunicamo-nos por carta com os confrades Lília e Orivaldo Oliveira, casal residente em Paraguaçu Paulista, que, gentilmente, enviaram-nos as seguintes informações: "*Francisco Foco* viveu nesta cidade até 1926, quando se mudou, não deixando familiares. Foi proprietário da primeira pensão da localidade, onde funciona hoje o Hotel Paraguaçu. *Guido Bruschi* viveu na mesma época em que o sr. Foco, tendo familiares aqui residentes. Foi fiscal de rua e depois tropeiro. Seu relacionamento com o sr. Foco era cordial e amistoso, pois no vilarejo todos eram amigos e a 'Pensão do sr. Chico' era ponto de encontro."

9 - *O venerável Batuíra* – Antônio Gonçalves da Silva, cognominado Batuíra, foi um dos grandes pioneiros espíritas do Brasil. Jornalista, conferencista, médium curador, prestou relevantes serviços assistenciais na capital paulista, onde desencarnou em 1909, com 70 anos de idade.

10 - Penso que muito em breve conseguirei retomar meus estudos junto de amigos vinculados à obra benemérita de nosso companheiro e protetor Luiz de Queiroz. – Luiz Vicente de Souza Queiroz nasceu e faleceu em São Paulo, Capital, respectiva-

mente em 1849 e 1898. Cursou a Escola Agrícola de Grignon, França. Providenciando um projeto elaborado na Inglaterra e doando sua fazenda São João da Montanha, lançou as bases de uma Escola de Agricultura em Piracicaba, SP, que de fato, três anos após o seu falecimento, seria fundada com o nome de Escola Superior de Agricultura "Luiz de Queiroz", prestando-lhe, assim, expressiva e justa homenagem.

11 - *Benfeitora Líbia* – Entidade espiritual desconhecida da família.

ÁLBUM
DE RECORDAÇÕES

"ELES VOLTARAM"

esperança e
muito amor,
no caminho de
sempre

Carta 1

Um pequeno grande cavaleiro

Evaldo aos 11 anos, no centro, ao lado de seus irmãos Evelson e Evandro.

Carta 2

Jovem provou a seus pais que houve separação imaginária

Felipinho, de pé na canoa

Carta 3

Um casal unido no Mundo Maior

José Roberto e Beatriz.

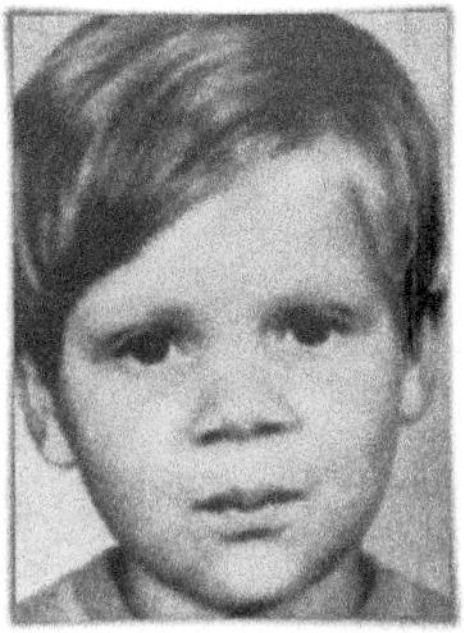

Carta 4

Ele escrevia Edvaldo no chão, nas paredes, onde pudesse...

Edvaldo Roel da Silva Júnior

Carta 4

Ele escrevia Edvaldo no chão, nas paredes, onde pudesse...

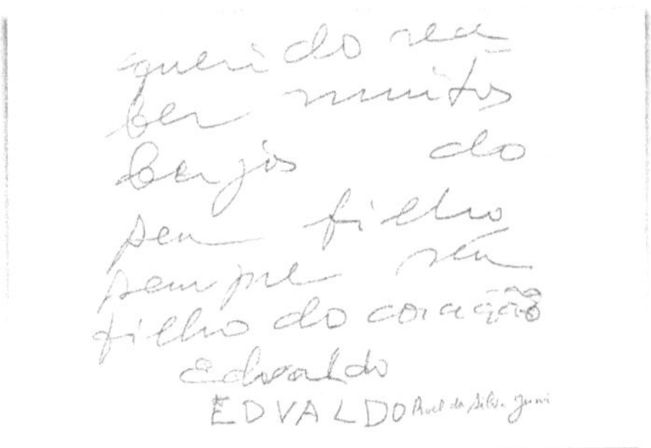

querido vea
bem muitos
beijos do
seu filho
sempre seu
filho do coração
Edvaldo
EDVALDO Roel da Silva Júnior

Final da carta de Edvaldo.

Carta 5

No Rio Lambari,
quatro jovens iniciaram
vida nova

Orlando Sebastião Duarte

Carta 5

No Rio Lambari,
quatro jovens iniciaram
vida nova

Esther de Araújo Reis

Carta 6

De volta, dias após
o desenlace

Auzenita da Silva Nunes

Carta 7

A vitória espiritual de dedicada esportista

Syumara Bellacosa de Oliveira

Carta 8

Após a tempestade de dor, a certeza do reencontro

Nestor Macedo Filho

Ivanir (mãe)

Carta 8

Após a tempestade de dor, a certeza do reencontro

Julieta (avó)

Sâmadar (irmã)

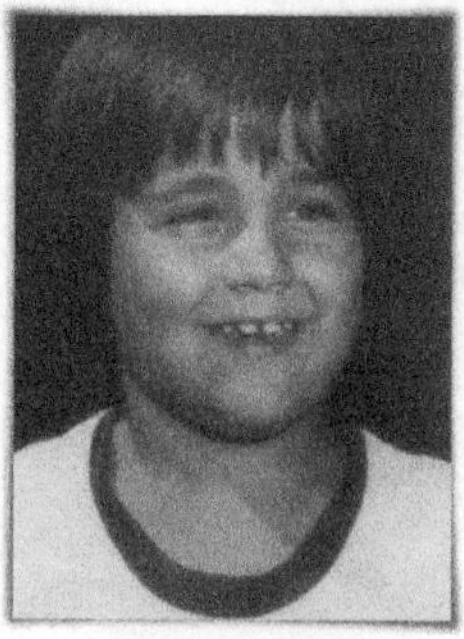

Gustavo (irmão)

esperança e muito amor

Carta 8

Após a tempestade de dor, a certeza do reencontro

Padre Francisco de Paula Victor

Carta 9

A grande viagem de exímio piloto

Ivan Sérgio Athayde Vicente

Carta 10

Filho retorna ao chamado da oração

Klecius da Cunha Rodrigues

Carta 11

Breve regresso de ilustre cientista

Dr. Elpídio Amante

Francisco Cândido Xavier psicografando em Uberaba-MG

Allan Kardec

Allan Kardec
O Evangelho Segundo o Espiritismo
ide